Hans Götz † • Martin Häussermann

BdS-Handbuch IIIb

Farne und Gräser

Sumpf- und Wasserpflanzen, Zwiebel- und Knollenpflanzen, Kräuter- und Heilpflanzen

avBUCH

Inhaltsverzeichnis

Vorwort

Seit 1982 haben sich die bisherigen Handbücher Stauden mit jeder Auflage weiterentwickelt. Sie haben sich als wertvolle Arbeitshilfe in Ausbildung und Studium, in Planung und Ausführung bewährt.
Die Inhalte der nun vorliegenden, neu gestalteten beiden Bände, der Handbücher Stauden III a und III b, herausgegeben vom Bund deutscher Staudengärtner, wurden vollständig überarbeitet, erweitert und in vielfältiger Weise aktualisiert.

Die Nomenklatur richtet sich weitgehend nach der neuesten Ausgabe von „Der große Zander, Handwörterbuch der Pflanzennamen". Sie entspricht aber nicht immer den wechselnden wissenschaftlichen Empfehlungen. Die 2011 erschienene „Handelsnomenklatur Stauden", die auf Wunsch der gärtnerischen Praxis entwickelt wurde, ist hier eingeflossen.
Die neue Schreibweise der deutschen Pflanzennamen und die teils geänderte Zuordnung zu den Familien wurde ebenfalls aktualisiert. Nach Möglichkeit sind die Sorten einer nahestehenden Art zugeordnet. Wo dies nicht möglich war, bedeutet „x *cultorum*", dass die Sorte aus züchterischer Arbeit oder durch Auslesen entstanden ist. (Die nur noch bedingt zulässige Bezeichnung *hybridum* und x *hybridum* wurde entsprechend verwendet.)

Der vorliegende Band III b beinhaltet die Aufstellung einer begrenzten, zeitnahen Arten- und Sortenübersicht des Pflanzenbereichs Ziergräser, Freilandfarne, Zwiebel- und Knollenpflanzen, Sumpf- und Wasserpflanzen, Würz-, Duft-, Heil- und Küchenkräuter, jeweils in einer gängigen Übersicht vorgestellt. Das Handbuch III a gibt eine Arten- und Sortenübersicht über eine Vielzahl von Stauden.
Dem Arbeitskreis Staudensichtung, unter der Federführung von Herrn Prof. Dr. Bernd Hertle, sei Dank für die Überlassung der erarbeiteten und hier eingeflossenen Sichtungsergebnisse.

Viel Spaß mit den Büchern und ein erfolgreiches Arbeiten mit Stauden. Möge sich die überwältigende Vielfalt und Farbenpracht der Stauden in den Gärten wiederfinden!

Martin Häussermann
Im Sommer 2021

Lebensbereiche der Stauden

Die Lebensbereiche der Stauden wurden nach dem Modell von Prof. Dr. Josef Sieber von Hans Götz in Zusammenarbeit mit dem Bund deutscher Staudengärtner (BdS) überarbeitet.
Durch die vollständige Zuordnung aller, auch nicht bewerteter Stauden in Lebensbereiche ergeben sich Hinweise über die Herkunft und demnach auch zur Verwendung. Alle Zuordnungen beruhen auf Erkenntnissen, Beobachtungen und Erfahrungen, in bester Absicht, ohne absoluten Anspruch auf Vollständigkeit. Viele Stauden eignen sich zur Verwendung in mehreren Lebensbereichen. Eine Trennung des vorwiegenden Lebensbereichs von den zusätzlichen Lebensbereichen ist durch einen Schrägstrich erkenntlich, z. B. G2/GR2, FR2.

Lebensbereich Gehölz (G)

Im lichten Schatten oder Halbschatten, vornehmlich unter locker aufgepflanzten Bäumen, gedeihen viele „Waldstauden“ sehr gut. Sie stehen in enger Beziehung zu den Bäumen und beleben diese Bereiche von Gärten und Anlagen durch ihre Wuchsformen und Blüten. Die verrottenden Blätter der Bäume sorgen für den erforderlichen humosen, frischen Boden und dürfen nicht weggeräumt werden.

Unter den Stauden dieses Lebensbereiches sind einerseits Arten heimischer Waldstauden zu finden, die vorzugsweise im Bereich gut eingewachsener Bäume mit „reifem“ (humosem, frischem) Boden zu pflanzen sind. Diesen stehen Stauden mit beetstaudenähnlichem Wuchscharakter gegenüber, die meist durch stattlichere Erscheinung, üppigen Wuchs und oft durch auffällige Blüten sehr wirkungsvoll, aber auch anspruchsvoller an Boden und Pflege sind.

G = GEHÖLZ

G1 Trockener Boden | G2 Frischer Boden | G3 Feuchter Boden

Lebensbereich Gehölzrand (GR)

Am Rande von Baum- und Strauchgruppen, vielfach in gutem, humosem Boden finden zahlreiche Stauden optimale Standortverhältnisse.

Zu beachten ist, dass einige Arten mehr den offenen, sonnigen, warmen Gehölzrand bevorzugen, andere gedeihen besser im kühleren, halbschattigen oder wechselschattigen, bodenfrischen Gehölzrand.

Auch hier, im Lebensbereich Gehölzrand, finden Stauden mit beetstaudenähnlichem (b) Wuchscharakter, bei höherem Anspruch an Boden und Pflege, wirkungsvolle Verwendung.

GR = GEHÖLZRAND

○ Sonnig und warm

◑ Absonnig und kühl

GR1 Trockener Boden | GR2 Frischer Boden | GR3 Feuchter Boden

Lebensbereich Freiflächen (Fr)

mit wiesen- oder beetstaudenähnlichem Charakter. Außerhalb der Standorte von Bäumen und Sträuchern (auf offenen, sonnigen „freien Flächen") gibt es vielfältige Gartensituationen, in denen viele Stauden die für sie günstigen Lebensbedingungen finden. Auf Freiflächen finden folgende Pflanzungen Verwendung:

1. Freiflächenpflanzungen (Fr1-3-w) mit wiesenähnlichem Charakter, wirken durch die weitgehende Verwendung von Arten sehr naturnah. Solche Pflanzungen können sehr wirkungsvoll sein. Die Ansprüche an Boden und Pflege sind verhältnismäßig gering (ordnend eingreifen). Je nach ihren Ansprüchen an Feuchtigkeitsgehalt/Wasserhaltekraft des Bodens lassen sich die Arten (früher Wildstauden genannt) folgendermaßen unterscheiden: Stauden für warmen, vollsonnigen Standort mit durchlässigem, trockenem Boden (Fr1), Stauden für mäßig trockenen bis frischen Boden (Fr2) und schließlich Stauden, die einen ausreichend feuchten Boden bevorzugen (Fr3).

2. Freiflächenpflanzungen (Fr1–3-b) mit beetähnlichem Charakter sind im Unterschied zum Lebensbereich Beet, durch die Verwendung von besonderen Arten und wenig veränderten Sorten, durch stattlichen Aufbau und oft auffälligeren Blüten, sehr wirkungsvoll, aber auch etwas anspruchsvoller in Bezug auf Boden und Pflege.

3. Für sehr warme, sonnenseitig geneigte Flächen (auch auf Böschungen vor Terrassen) mit trockenem, kalkhaltigem Boden eignen sich sogenannte „Steppen-Heide-Pflanzen" (SH).

4. Für die nährstoffärmeren, etwas bodensauren Bereiche eignen sich die „Heidepflanzen" (H).

5. Freiflächen mit angesäter Ackerflora werden meist fälschlich Blumenwiese genannt. Hier handelt es sich überwiegend um einjährige, heimische

Fr = FREIFLÄCHEN

Trockener Boden | Frischer Boden | Feuchter Boden

SH = STEPPENHEIDE

H = HEIDE

H1 Trockener Boden | H2 Frischer Boden | H3 Feuchter Boden

oder auch eingebürgerte Ackerkräuter, z. B. *Adonis aestivalis* (Sommer-Adonisröschen), *Agrostemma githago* (Kornrade), *Centaurea cyanus* (Kornblume), *Iberis amara* (Bittere Schleifenblume), *Linum grandiflorum* (rot blühender Lein), *Melampyrum arvense* (Acker-Wachtelweizen), *Papaver rhoeas* (Klatsch-Mohn) und weitere. Alle benötigen offenen Boden. Gemäht wird erst nach der Samenreife. Im Frühjahr wird die Fläche flach gelockert, damit der Samen keimt und sich wieder eine Ackerflora entwickeln kann. Die Alternative ist eine Neueinsaat. Im Samenhandel werden verschiedene Mischungen angeboten.

Lebensbereich Steinanlagen (St)

Viele Stauden fühlen sich im Bereich der Steine, oder an den Stein gebunden, wohl. Manche sind nässeempfindlich und wachsen daher am besten in einem von Kies, Steinen bzw. Felsbrocken durchsetzten, wasserdurchlässigen Boden, den „Felssteppen" (FS), andere gedeihen selbst in den flachen Bodenschichten über Felsen oder größeren Steinen, den „Matten" (M) (Felsmatten). Wieder andere eignen sich bestens zum Pflanzen hinter die „Mauerkrone" von Trockenmauern oder in deren „Steinfugen" (SF). Meist sind sie auch zur Trogbepflanzung und Dachbegrünung geeignet.

Zu beachten ist mitunter der Anspruch an Kalk- oder Silikatböden, soweit nicht indifferent bzw. tolerant.

M = MATTEN

SF = STEINFUGEN **MK = MAUERKRONEN**

○ Sonnig		◑ Absonnig
SF1 Trockener Boden MK1	SF2 Frischer Boden MK2	SF3 Feuchter Boden MK3

St = STEINANLAGEN
FS = FELSSTEPPEN

Schotter Kiesbeete Steinreicher Boden

Lebensbereich Alpinum (A)

Einige reizvolle, aber auch anspruchsvolle, oft nicht sehr konkurrenzkräftige Stauden finden die beste Verwendungsmöglichkeiten im Alpinum, wo auf kleinem Raum die unterschiedlichsten Standorte geschaffen werden können.

A = ALPINUM

Lebensbereich Beet (B)

Für die in Gärten am häufigsten anzutreffende Standortsituation – das Beet/die Rabatte – gibt es eine große Zahl herrlicher Stauden mit stattlichem Habitus und prachtvollen Blüten. Sie benötigen einen humosen, nährstoffreichen, frischen Boden sowie einen möglichst konkurrenzfreien Standort.

B = BEET

B1 Trockener Boden | B2 Frischer Boden | B3 Feuchter Boden

Unter den Stauden des Lebensbereichs „Beet" (B) gibt es Arten und Sorten, denen als „Leitstauden" bei einer Beetstaudenpflanzung dominierende „Gerüstbildnerfunktionen" zukommen, andere dienen zumeist als „Begleitstauden" (siehe Geselligkeitsstufen).

Lebensbereich Wasserrand (WR)

Für die durch große Bodenfeuchtigkeit gekennzeichneten Situationen am Rande von Teichen oder Bächen eignen sich manche Stauden hervorragend.

WR = WASSERRAND

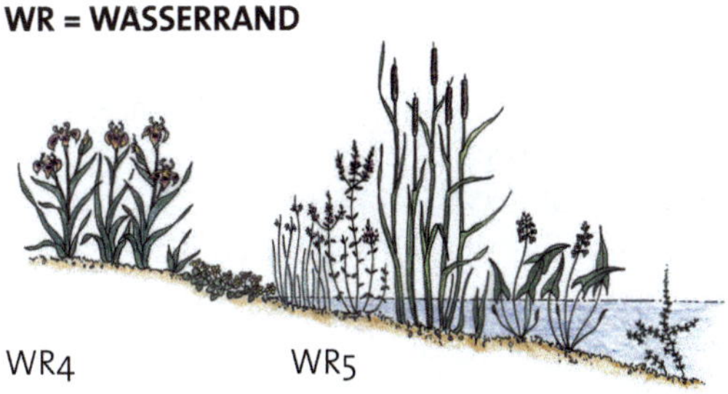

WR4 | WR5

Unter dem Begriff „Wasserrand" (WR) kann nicht die Grenzlinie zwischen „Wasser" und „Festland" verstanden werden. Er umfasst vielmehr eine Zone des feuchten bis sumpfigen auch wechselfeuchten Bodens ebenso wie die Zone des flachen Wassers. Nach den Standortverhältnissen ihres Vorkommens in der Natur, aber auch nach ihrer vorwiegenden Verwendung lassen sich die Stauden des Lebensbereichs „Wasserrand" in die folgenden Gruppen einteilen:

„Sumpfstauden" (WR4) für feuchten bis nassen, zeitweise überfluteten bzw. abtrocknenden Boden. Stauden der „Röhrichtzone" (WR5) für feuchten oder dauernassen Boden bis hin zu flachem Wasser (0–20 cm Wassertiefe).

Außerhalb betonierter Wasserbecken können in einem wasserhaltigen Boden auch viele der Stauden des Lebensbereichs Freiflächen mit feuchtem Boden (Fr3, Fr3-b), einige auch dauernass (Fr4) gepflanzt werden.

Lebensbereich Wasser (W)

Für alle in Gartenteichen üblichen Wassertiefen gibt es geeignete Stauden. Die Vielfalt der Wuchsformen dieser Stauden ist sehr groß. Nach den Wuchsformen lassen sich die „Wasserpflanzen" in folgende Gruppen einteilen:

1. Wasserpflanzen, die im Boden wurzeln, ihre Trieb- und Blattmasse überwiegend über die Wasseroberfläche herausheben (W5), im Übergang auch (WR5).

2. Wasserpflanzen, die im Boden wurzeln, deren Blätter aber überwiegend auf dem Wasser aufliegen: „Schwimmblattpflanzen" (W6).

3. In einer dritten Gruppe (W7) sind untergetauchte, „submerse" Pflanzen, deren Triebe und Blätter sich meist unterhalb der Wasseroberfläche befinden, zusammengefasst.

4. Die wenigen frei schwimmenden Pflanzen sind dem Lebensbereich W8 zugeordnet.

Auch wenn viele Wasserpflanzen ihr Optimum bei einer gewissen Wassertiefe finden, haben doch manche von ihnen diesbezüglich eine sehr weite Standortamplitude. Bei einigen sollte der Wunsch nach eher saurem Moorboden berücksichtigt werden, z. T. mit nährstoffarmem Wasser.

W = WASSER

W5
Triebe, Blätter, Stängel und Blütenstände über der Wasseroberfläche

W8
Frei schwimmende Pflanzen

W6
Schwimmblattpflanzen

W7
Submers wachsende Pflanzen

Feuchtezahlen für die Lebensbereiche

Feuchtezahlen für die Lebensbereiche Gehölz (G), Gehölzrand (GR), Freiflächen (Fr), Steinanlagen (St), Alpinum (A), Beet/Rabatte (B) und Zuordnungen in den Lebensbereichen WR, W:

1 = trockener Boden
2 = frischer bis mäßig trockener Boden
3 = feuchter Boden
4 = feuchter bis dauernasser Boden

In den Lebensbereichen Wasserrand (WR) und Wasser (W):

5 = flaches Wasser
6 = Schwimmblattpflanzen
7 = untergetauchte, submerse Pflanzen
8 = frei schwimmende Pflanzen

Geselligkeitsstufen für Stauden

(nach Hansen und Müssel)

Ihren Anforderungen entsprechend, werden Staudenpflanzen einzeln, in kleineren oder größeren Trupps, Gruppen oder flächig gepflanzt. Aus ihrem Wuchsverhalten und der unterschiedlichen Verteilung am natürlichen Standort lässt sich der Anspruch einer Art an die Geselligkeit ableiten und in Verbindung mit den spezifischen Eigenschaften ein Hinweis dafür formulieren, wie viele Pflanzen für eine vorgegebene Fläche empfohlen werden. Die Geselligkeit wird in der folgenden fünfteiligen Skala dargestellt:

I. = Möglichst einzeln oder in kleinen Trupps 1–3 pflanzen.

II. = In kleinen Trupps mit 3–5 Pflanzen verwenden.

III. = In größeren Gruppen von 10–20 Pflanzen verwenden.

IV. = In großen Stückzahlen und meist flächig pflanzen.

V. = Vorwiegend großflächig pflanzen. Je nach Größe der zu bepflanzenden Fläche ist es vorteilhaft, die Stufen I–III entsprechend zu wiederholen.

Kennzeichnung des Gartenwertes

Die Arbeitsgemeinschaft Staudensichtung des Bundes deutscher Staudengärtner sichtet und prüft seit 1952 die Eigenschaften von Arten und Sorten. Das Ergebnis mehrjähriger Tests in Sichtungsgärten in Verbindung mit den Erfahrungen aus der Praxis führt zu den hier genannten Bewertungen. Geprüft und bewertet werden unter anderem Sortenechtheit, Wuchskraft und Standtestigkeit, alle Aspekte der Blüte von der Farbe über Blütenzahl und Haltbarkeit bis zur Wetterbeständigkeit, die Widerstandsfähigkeit der Art oder Sorte gegen Krankheiten und die Verwendbarkeit in Pflanzengemeinschaften.

Für alle Gattungen, Arten (früher Wildstauden genannt) und die züchterisch mehr oder weniger stark weiterentwickelten Sorten werden folgende Bewertungszeichen verwendet:

*** ausgezeichnete Art oder Sorte

** sehr gute Art oder Sorte

* gute Art oder Sorte

Li Staude für den Pflanzenliebhaber (nicht identisch mit dem Liebhabersortiment)

Lo Staude mit nur lokaler Bedeutung

N Arten und Sorten von durchaus hohem Gartenwert, die bisher aber noch nicht durch die Sichtungskommission bewertet wurden.

Auch das Sortiment der Stauden ist einem dauernden Wandel unterworfen. Die in den Ergebnissen der Staudensichtung zum Ausdruck kommende Bewertung kann daher jeweils nur einen, auch zeitlich begrenzten, Ausschnitt beleuchten. Verstehen Sie die Angaben zum Gartenwert daher als das engagierte Bemühen der deutschen Staudengärtner, Ihnen als Verwender eine Arbeitshilfe an die Hand zu geben, sozusagen einen Kompass durch die fast unübersehbare Fülle des Sortiments der Stauden.

Angewandtes Farbsystem

Entgegen den oft üblichen prosaischen Farbangaben wie azurblau, kirschrot, lavendelblau, mauvepink, karminpink, rostrot, zinnoberrot u. v. a. wird hier versucht, mit den klassifizierten Hauptfarben Blau, Gelb, Rot, Rosa, Purpur, Violett, Weiß und den Ergänzungsfarben Braun, Schwarz, Orange, Grau ein reales Farbsystem zu verwenden. Übergänge, z.B. violettblau (Hauptfarbe Blau, untergeordnete Farbe Violett), erweitern die nötigen Möglichkeiten. Eine weitere Differenzierung ergibt sich durch die Erweiterung mit Tönungen wie dunkel, tief, leuchtend, hell, zart und blass, matt. Mit diesen Kombinationen ergibt sich eine einigermaßen nachvollziehbare Aussage zu Blatt- und Blütenfarben, z.B. dunkelbraunrot oder hellviolettrosa.

Farne

Farne sind eine vielgestaltige Gruppe von Stauden mit sehr unterschiedlichen Strukturen und Wuchshöhen. Die Wedel sind einfach- bis mehrfach gefiedert, selten auch einfach, ungefiedert (z. B. Hirschzungen). Farne finden in den Lebensbereichen Gehölz und Gehölzrand mit frischem bis feuchtem Boden Verwendung, manche vorwiegend in Steinanlagen mit Steinfugen, meist absonnig; nur wenige sind sonnenverträglich (Ceterach).

© Floramedia

Adiantum pedatum *

Pfauenradfarn

Adiantaceae – **Frauenhaarfarngewächse**

Herkunft: Nordamerika, Ostasien
Wuchs: Horstartig, mit kurzen, verzweigten Rhizomen, lockerbuschig
Blatt: Stiele schwarz, gabelig geteilt, Wedel einfach gefiedert, Fieder flach, pfauenradähnlich ausgebreitet, hellgrün, sommergrün, herbstfärbend
Mittlere Höhe: 50 cm
Frucht: Wenige, kleine Sporangienhäufchen (Sori) unterseits an den Fiederchen
Standort: Absonnig, schattig bis halbschattig, Boden durchlässig, humos, sauer bis schwach alkalisch, frisch bis feucht, luftfeucht
Lebensbereiche: G2–3 / GR2–3 = Gehölz/Gehölzrand
Geselligkeitsstufe: I–II = einzeln von 1–3 oder in kleinen Trupps von 3–5 Pflanzen
Weitere Arten und Sorten: 'Imbricatum', Kleiner Pfauenradfarn, 20 cm, *

© H. Götz

Adiantum venustum *

Himalaja-Venushaarfarn

Adiantaceae – **Frauenhaarfarngewächse**

Herkunft: Himalaja
Wuchs: Flächig, kriechend, mit verzweigten, unterirdischen Rhizomen
Blatt: Wedel waagerecht stehend, fiederartig, grün, wintergrün
Mittlere Höhe: 15 cm
Frucht: Kleine Sporangienhäufchen (Sori) unterseits an der Spitze der Fiederchen
Standort: Absonnig, schattig bis halbschattig, Boden durchlässig, humos, sauer bis schwach alkalisch, frisch bis feucht, luftfeucht
Lebensbereiche: G2–3 / GR2–3 = Gehölz/Gehölzrand
Geselligkeitsstufe: II–III = in kleinen Trupps von 3–5 bis zu größeren Gruppen von 10–20 Pflanzen
Besondere Hinweise: Sehr wüchsige, grazile Art

© H. Götz

Asplenium trichomanes *

Streifenfarn, Steinfeder

Aspleniaceae – **Streifenfarngewächse**

Herkunft: Europa (Kosmopolit)
Wuchs: Horstartig, gestielt, fast rosettig angeordnet, polsterartig
Blatt: Wedel einfach gefiedert, Fiederchen rundlich, wintergrün
Mittlere Höhe: 10 cm
Frucht: Sporangienhäufchen (Sori) auf der Unterseite der Wedel
Standort: Schattig, absonnig, feuchte Felsen, Stein- und Mauerfugen
Lebensbereiche: St3 / SF3 = Steinanlagen/Steinfugen
Geselligkeitsstufe: II = in kleinen Trupps von 3–5 Pflanzen
Besondere Hinweise: Geringer Humusbedarf, vorwiegend in Silikatgestein auftretend
Weitere Arten und Sorten: *A. adiantum-nigrum*, Schwarzstieliger Streifenfarn, meist in Mauern, Wedel grün, waagerecht; *A. ruta-muraria*, Mauer-Streifenfarn, Wedel feinzerteilt, gefiedert; *A. septentrionale*, Nördlicher Streifenfarn, Fieder lineal; *A. viride*, Grünstieliger Streifenfarn, kalkliebend

Athyrium filix-femina **

Wald-Frauenfarn

Woodsiaceae (Athyriacea) – Wimpernfarngewächse (Frauenfarngewächse)

Herkunft: Europa, nördliche Halbkugel
Wuchs: Horstartig, Wedel schräg aufwärts bis ausladend
Blatt: Wedel doppelt gefiedert, schmal, Mittelrippe grün, Spreiten grün, sommergrün
Mittlere Höhe: 70 cm
Frucht: Sporangienhäufchen (Sori) auf der Unterseite der Wedel
Standort: Absonnig, schattig bis halbschattig, Boden durchlässig, humos, sauer bis alkalisch, frisch
Lebensbereiche: G2 / GR2 = Gehölz/Gehölzrand
Geselligkeitsstufe: I = einzeln oder in kleinen Trupps von 1–3 Pflanzen
Besondere Hinweise: Anpassungsfähig, vermehrt sich an zusagenden Stellen reichlich durch Sporen
Weitere Arten und Sorten: 'Bornholmiense', 25 cm, kurze, gedrungene Wedel, trichterförmig angeordnet; 'Frizelliae', 40 cm, kurze, abgerundete Fieder; 'Victoriae', 40 cm, Fieder kreuzweise angeordnet; 'Rotstiel', 70 cm, mit rotbrauner Mittelrippe

© H. Götz

Athyrium filix-femina 'Minutissimum' *

Zwerg-Frauenfarn

Woodsiaceae (Athyriacea) – Wimpernfarngewächse (Frauenfarngewächse)

Herkunft: Züchtung/Auslese; Art aus der gemäßigten Zone der Nordhalbkugel
Wuchs: Horstartig, Wedel schräg aufwärts bis ausladend
Blatt: Wedel doppelt gefiedert, schmal, Mittelrippe und Spreite grün
Mittlere Höhe: 40 cm
Frucht: Sporangienhäufchen (Sori) auf der Unterseite der Wedel
Standort: Absonnig, schattig bis halbschattig, Boden durchlässig, humos, sauer bis alkalisch, frisch
Lebensbereiche: G2 / GR2 = Gehölz/Gehölzrand
Geselligkeitsstufe: I = einzeln oder in kleinen Trupps von 1–3 Pflanzen
Besondere Hinweise: Nordseitig an Gebäuden, anpassungsfähig an Boden und Standort
Weitere Arten und Sorten: *A. distentifolium*, Gebirgs-Frauenfarn, mit der Sorte 'Rotstiel'

© Floramedia

Athyrium niponicum 'Metallicum' *

Garten-Regenbogen-Frauenfarn

Woodsiaceae (Athyriacea) – Wimpernfarngewächse (Frauenfarngewächse)

Herkunft: Züchtung/Auslese; Art aus Japan, Korea, China, Mandschurei, Taiwan
Wuchs: Horstartig, Wedel schräg aufwärts bis ausgebreitet
Blatt: Wedel doppelt gefiedert, mehrfarbig, sommergrün
Mittlere Höhe: 40 cm
Standort: Absonnig, schattig bis halbschattig, Boden durchlässig, humos, schwach sauer, frisch
Lebensbereiche: G2 / GR2 = Gehölz/Gehölzrand
Geselligkeitsstufe: I–II = einzeln von 1–3 oder in kleinen Trupps von 3–5 Pflanzen
Besondere Hinweise: Nordseitig an Gebäuden, anpassungsfähig an Boden und Standort
Weitere Arten und Sorten: *A. niponicum*, Wedel grün, weiß silbrig gefleckt

© Floramedia

© Floramedia

Blechnum spicant

*

Rippenfarn

Blechnaceae – Rippenfarngewächse

Herkunft: Europa, Kaukasus, Japan, USA, Alaska

Wuchs: Flach ausgebreitet, fast rosettig, Spreite länglich, lanzettlich

Blatt: Wedel fiederschnittig bis einfach gefiedert, dunkelgrün, wintergrün

Mittlere Höhe: 20 cm

Frucht: Separate, straffaufrechte, fertile Wedel (Sporenwedel) mit schmalen Fiederblättchen

Standort: Schattig, Rohboden sauer, modrig, torfig, durchlässig, humos, frisch bis feucht

Lebensbereiche: G2–3 / GR2–3 = Gehölz/Gehölzrand

Geselligkeitsstufe: II = in kleinen Trupps von 3–5 Pflanzen

Besondere Hinweise: Möglichst in Rohböden, separate Sporenwedel

Weitere Arten und Sorten: *B. penna-marina*, Seefeder-Rippenfarn, 15 cm, Wedel einfach gefiedert, flächiger Wuchs durch Ausläufer

© H. Götz

Dryopteris affinis

**

Goldschuppenfarn

Dryopteriaceae – Wurmfarngewächse

Herkunft: Europa, Nordwestafrika, Vorderasien

Wuchs: Horstartig, ziemlich straffaufrecht

Blatt: Wedel doppelt gefiedert, untere Hälfte der Mittelspreiten dicht mit gelbbraunen Spreuschuppen besetzt, grün, in geschützten Lagen wintergrün

Mittlere Höhe: 70 cm

Frucht: Sporangienhäufchen (Sori) auf der Unterseite der Wedel

Standort: Absonnig, halbschattig bis schattig, Boden durchlässig, humos, nährstoffreich, kalkarm, frisch bis feucht

Lebensbereiche: G2–3 / GR2–3 = Gehölz/Gehölzrand

Geselligkeitsstufe: I = einzeln oder in kleinen Trupps von 1–3 Pflanzen

Besondere Hinweise: Nordseitig an Gebäuden, anpassungsfähig an Boden und Standort

Weitere Arten und Sorten: 'Cristata', 90 cm, Fiederblätter am Ende mehrfach gegabelt, Li; 'Pinderi', 70 cm, Wedel schmal, dunkelgrün, *

© Floramedia

Dryopteris dilatata

*

Breitwedel-Dornfarn

Dryopteriaceae – Wurmfarngewächse

Herkunft: Gemäßigte Zone der nördlichen Halbkugel

Wuchs: Horstartig, breitausladend

Blatt: Wedel sehr breit, drei- bis vierfach gefiedert, deutlich gebogen, dichtstehend, dunkelgrün, lange grün bleibend

Mittlere Höhe: 60 cm

Frucht: Sporangienhäufchen (Sori) auf der Unterseite der Wedel

Standort: Absonnig, halbschattig bis schattig, Boden durchlässig, humos, nährstoffreich, kalkarm, frisch bis feucht

Lebensbereiche: G2–3 / GR2–3 = Gehölz/Gehölzrand

Geselligkeitsstufe: I = einzeln oder in kleinen Trupps von 1–3 Pflanzen

Besondere Hinweise: Nordseitig an Gebäuden, anpassungsfähig an Boden und Standort

Weitere Arten und Sorten: *D. carthusiana*, Kartäuser Dornfarn, 50 cm untere Fieder verlängert, Enden gabelig, *

Dryopteris erythrosora *

Rotschleier-Wurmfarn

Dryopteriaceae – Wurmfarngewächse

Herkunft: China, Korea, Japan, Taiwan
Wuchs: Horstartig, schräg aufwärts bis ausladend
Blatt: Wedel doppelt gefiedert, etwas glänzend, im Austrieb rötlich, wintergrün
Mittlere Höhe: 50 cm
Frucht: Sporangienhäufchen (Sori) auf der Unterseite der Wedel, vor der Reife mit rötlich durchscheinendem Schleier
Standort: Absonnig, schattig bis halbschattig, bei genügend Feuchtigkeit auch sonnig, Boden durchlässig, humos, frisch
Lebensbereiche: G2–3 / GR2–3 = Gehölz/Gehölzrand
Geselligkeitsstufe: I = einzeln oder in kleinen Trupps von 1–3 Pflanzen
Besondere Hinweise: Nordseitig an Gebäuden, anpassungsfähig an Boden und Standort

© Floramedia

Dryopteris filix-mas **

Gewöhnlicher Wurmfarn

Dryopteriaceae – Wurmfarngewächse

Herkunft: Gemäßigte Zone der Nordhalbkugel, Anden
Wuchs: Horstartig, im Austrieb aufrecht, später breitausladend
Blatt: Wedel einfach gefiedert, Stiele mit Schuppen besetzt, dunkelgrün
Mittlere Höhe: 90 cm
Frucht: Sporangienhäufchen (Sori) auf der Unterseite der Wedel
Standort: Absonnig, schattig bis halbschattig, bei genügend Feuchtigkeit auch sonnig, Boden durchlässig, humos, frisch bis feucht
Lebensbereiche: G2–3 / GR2–3 = Gehölz/Gehölzrand
Geselligkeitsstufe: I = einzeln oder in kleinen Trupps von 1–3 Pflanzen
Besondere Hinweise: Nordseitig an Gebäuden, anpassungsfähig an Boden und Standort
Weitere Arten und Sorten: *D. wallichiana*, Schwarzschuppenfarn, 60 cm, Wedelstiele und Mittelrippe schwarz geschuppt, Li, weitere, interessante Arten werden von Farngärtnereien angeboten

© Floramedia

Dryopteris filix-mas 'Barnesii' *

Garten-Wurmfarn

Dryopteriaceae – Wurmfarngewächse

Herkunft: Züchtung/Auslese; Art aus der gemäßigten Zone der Nordhalbkugel, Anden
Wuchs: Horstartig, schräg aufwärts bis ausladend
Blatt: Wedel doppelt gefiedert, schmal, dunkelgrün, sommergrün
Mittlere Höhe: 80 cm
Standort: Absonnig, schattig bis halbschattig, bei genügend Feuchtigkeit auch sonnig, Boden durchlässig, humos, frisch bis feucht
Lebensbereiche: G2–3 / GR2–3 = Gehölz/Gehölzrand
Geselligkeitsstufe: I = einzeln oder in kleinen Trupps von 1–3 Pflanzen
Besondere Hinweise: Nordseitig an Gebäuden, anpassungsfähig an Boden und Standort

© Floramedia

© H. Götz

Matteuccia struthiopteris **

Straußenfarn, Trichterfarn

Woodsiaceae – Wimpernfarngewächse (Straußenfarngewächse)

Herkunft: Europa, Sibirien, Kasachstan, China, Kanada

Wuchs: Rhizom ragt mit vielen Wedelstielbasen aus dem Boden, straffaufrecht, durch unterirdische Ausläufer bestandsbildend

Blatt: Wedel zweifach gefiedert aufrecht, trichterförmig, sommergrün

Mittlere Höhe: 80 cm

Frucht: Überwinternde, fertile Wedel, straußenfederähnliche, eingerollte Fieder

Standort: Absonnig, halbschattig bis schattig, Boden sandig-humos, schwach sauer, frisch bis feucht

Lebensbereiche: G2–3 / GR2–3 = Gehölz/Gehölzrand

Geselligkeitsstufe: II–III = in kleinen Trupps von 3–5 bis zu 10–20 Pflanzen

Besondere Hinweise: Breitet sich durch unterirdische Ausläufer aus, anpassungsfähig an Boden und Standort

Weitere Arten und Sorten: *M. orientalis*, Flachwachsender Trichterfarn, Wedel bis 60 cm lang, flach ausgebreitet; *M. pennsylvanica*, Amerikanischer Straußenfarn, 100 cm, Wedel straffaufrecht

© Floramedia

Onoclea sensibilis **

Perlfarn

Woodsiaceae (Onocleaceae) – Wimpernfarngewächse (Perlfarngewächse)

Herkunft: Nordamerika und Ostasien

Wuchs: Kriechendes, verzweigtes Rhizom, lockerrasig bis flächendeckend

Blatt: Spreitenrand gebuchtet, hellgrün, im Herbst gelbbraun, sommergrün, sterile Wedel aufrecht

Mittlere Höhe: 40 cm

Frucht: Sporenwedel steif aufrecht, Fiederchen perlschnurartig an den Rispenästen aufgereiht

Standort: Absonnig, halbschattig, schattig bis absonnig, Boden lehmig-humos, frisch bis feucht

Lebensbereiche: G2–3 / GR2–3, WR2–3 = Gehölz/Gehölzrand, Wasserrand

Geselligkeitsstufe: II–III = in kleinen Trupps von 3–5 bis zu größeren Gruppen von 10–20 Pflanzen

Besondere Hinweise: Wüchsige Art, nordseitig an Gebäuden, Wedel im Austrieb spätfrostgefährdet

© Floramedia

Osmunda regalis **

Königsfarn

Osmundaceae – Rispenfarngewächse

Herkunft: Europa, USA, Kanada

Wuchs: Horstartig, kopfartig, meist einkopfig, Wedel straffaufrecht bis ausladend

Blatt: Wedel zweifach gefiedert, grün, sommergrün

Mittlere Höhe: 100 cm

Frucht: Obere Abschnitte der inneren Wedel sind rispig, fertil mit braunen Sporangien

Standort: Absonnig, halbschattig bis schattig, Boden kalkfrei, humos, anmoorig, feucht

Lebensbereiche: G2–3 / GR2–3 = Gehölz/Gehölzrand

Geselligkeitsstufe: I = einzeln oder in kleinen Trupps von 1–3 Pflanzen

Besondere Hinweise: Nordseitig an Gebäuden, langsame Entwicklung, die stattliche Größe wird erst nach vielen Jahren erreicht

Weitere Arten und Sorten: Interessante, wenig verbreitete Arten und Sorten wie *O. cinnamomea*, *O. claytoniana*, *O. regalis* 'Cristata', 'Gracilis', 'Purpurascens' werden von Farngärtnereien angeboten

Phyllitis scolopendrium (syn. *Asplenium scolopendrium*) **

Gewöhnlicher Hirschzungenfarn

Aspleniaceae – Streifenfarngewächse

Herkunft: Europa, Kaukasus, Japan, Kanada, USA
Wuchs: Horstartig, aufrecht, ausladend bis bogig geneigt, dichtstehend
Blatt: Wedel kurz gestielt, ungefiedert, einfach ungeteilt, zungenförmig, spitz, ganzrandig, gehäuft, wintergrün, ganzjährig wirkungsvoll
Mittlere Höhe: 30 cm
Frucht: Sporangienhäufchen (Sori) schräg, länglich, auf der Unterseite der Wedel
Standort: Absonnig, halbschattig bis schattig, Boden durchlässig, humos, kalkhaltig, frisch bis feucht, luftfeucht
Lebensbereiche: G2–3 / St2–3, SF2–3 = Gehölz/Steinanlagen, Steinfugen
Geselligkeitsstufe: I = einzeln oder in kleinen Trupps von 1–3 Pflanzen
Besondere Hinweise: Absonnig in feuchten Felsen
Weitere Arten und Sorten: *P. scolopendrium* 'Angustifolia', Schmalblättriger Hirschzungenfarn, 35 cm, Wedel ungeteilt, schmal

© M. Häussermann

Phyllitis scolopendrium 'Crispa' (syn. *Asplenium scolopendrium* 'Crispum') N

Gewellter Garten-Hirschzungenfarn

Aspleniaceae – Streifenfarngewächse

Herkunft: Züchtung/Auslese; Art aus Europa, Kaukasus, Japan, Kanada, USA
Wuchs: Horstartig, aufrecht bis bogig geneigt, dichtstehend
Blatt: Wedel ungefiedert, zungenförmig, Rand stark gewellt, Spreiten derb, hell- bis dunkelgrün, wintergrün
Mittlere Höhe: 20–30 cm
Frucht: Steril
Standort: Absonnig, halbschattig bis schattig, Boden durchlässig, humos, kalkhaltig, frisch bis feucht, luftfeucht
Lebensbereiche: G2–3 / St2–3, SF2–3 = Gehölz/Steinanlagen, Steinfugen
Geselligkeitsstufe: I = einzeln oder in kleinen Trupps von 1–3 Pflanzen
Weitere Arten und Sorten: *P. scolopendrium* 'Capitata', 'Crispa Nobilis', 'Cristata', 'Furcata', 'Lacerata Kaye', 'Marginata' sind mehr oder weniger verbreitete Auslesen

© Floramedia

Polypodium vulgare *

Gewöhnlicher Tüpfelfarn, Engelsüß

Polypodiaceae – Tüpfelfarngewächse

Herkunft: Europa, Asien, Nordamerika
Wuchs: Flächig, durch verzweigte Rhizome allmählich bestandsbildend
Blatt: Wedel einfach gefiedert, derb, waagerecht stehend, auch hängend, unterseits tüpfelartige Sori, dunkelgrün, wintergrün
Mittlere Höhe: 20 cm
Frucht: Sporangienhäufchen (Sori) auf der Unterseite der Wedel
Standort: Absonnig bis schattig, Boden durchlässig, humos, sauer, oft auf dünnen Humusauflagen, frisch bis feucht
Lebensbereiche: G2–3 / St2–3, SF2–3 = Gehölz/Steinanlagen, Steinfugen
Geselligkeitsstufe: II = in kleinen Trupps von 3–5 Pflanzen
Besondere Hinweise: Nordseitig an Felsen, anpassungsfähig an Boden und Standort
Weitere Arten und Sorten: *P. interjectum* 'Cornubiense', Cornwall-Tüpfelfarn, 30 cm, interessante Auslese, Wedel tief fiederschnittig, Li

© Floramedia

© Floramedia

Polystichum aculeatum *

Glanz-Schildfarn

Dryopteriaceae – Wurmfarngewächse

Herkunft: Europa, Kaukasus, Japan, China
Wuchs: Horstartig, aufrecht bis bogig ausladend
Blatt: Wedel schmal, zweifach gefiedert, etwas ledrig, Fiederchen spitz auslaufend, wintergrün
Mittlere Höhe: 40 cm
Frucht: Sporangienhäufchen (Sori) auf der Unterseite der Wedel
Standort: Halbschattig bis absonnig, Boden humos, steinig, nährstoffreich, frisch bis feucht, luftfeucht
Lebensbereiche: G2–3 / GR2–3, St2–3 = Gehölz/Gehölzrand, Steinanlagen
Geselligkeitsstufe: I = einzeln oder in kleinen Trupps von 1–3 Pflanzen
Besondere Hinweise: Ost- und nordseitig, anpassungsfähig an Boden und Standort
Weitere Arten und Sorten: Die Sorte 'Dahlem' wird auch der Art *P. aculeatum* zugeordnet, Li

© H. Götz

Polystichum lonchitis N

Dorniger Schildfarn, Lanzen-Schildfarn

Dryopteriaceae – Wurmfarngewächse

Herkunft: Europa, nördliche Halbkugel
Wuchs: Horstartig, breitausladend
Blatt: Wedel schmal, einfach gefiedert bis fiederschnittig, wintergrün, ganzjährig wirkungsvoll
Mittlere Höhe: 60 cm
Frucht: Sporangienhäufchen (Sori) auf der Unterseite der Wedel
Standort: Halbschattig bis absonnig, Boden humos, steinig, nährstoffreich, frisch bis feucht, luftfeucht
Lebensbereiche: G2–3 / GR2–3, St2–3 = Gehölz/Gehölzrand, Steinanlagen
Geselligkeitsstufe: I = einzeln oder in kleinen Trupps von 1–3 Pflanzen
Besondere Hinweise: Ost- und nordseitig, anpassungsfähig an Boden und Standort
Weitere Arten und Sorten: *P. acrostichoides*, Weihnachtsfarn, wintergrün; *P. braunii*, Brauns Schildfarn; *P. munitum*, Schwertfarn, wintergrün, ausladende Wedel

© Floramedia

Polystichum polyblepharum Li

Glanz-Schildfarn

Dryopteriaceae – Wurmfarngewächse

Herkunft: Japan, Südkorea
Wuchs: Horstartig, aufrecht bis bogig ausladend
Blatt: Wedel doppelt gefiedert, breit, etwas glänzend, wintergrün
Mittlere Höhe: 70 cm
Frucht: Sporangienhäufchen (Sori) auf der Unterseite der Wedel
Standort: Halbschattig bis absonnig, Boden humos, steinig, nährstoffreich, frisch bis feucht, luftfeucht
Lebensbereiche: G2–3 / GR2–3, St2–3 = Gehölz/Gehölzrand, Steinanlagen
Geselligkeitsstufe: I = einzeln oder in kleinen Trupps von 1–3 Pflanzen
Besondere Hinweise: Ost- und nordseitig, treibt früh aus, etwas frostgefährdet, geschützter Standort notwendig
Weitere Arten und Sorten: *P. ringens*, Steifer Bärentatzenfarn; *P. tsus sinense*, Schmaler Schildfarn

Polystichum setiferum N

Borstiger Schildfarn, Weicher Schildfarn

Dryopteriaceae – Wurmfarngewächse

Herkunft: Europa, Türkei, Kaukasus, Iran, Himalaja
Wuchs: Horstartig, schräg aufwärts bis breitausladend
Blatt: Wedel zweifach gefiedert, Fiederchen schmal, mit feinen Spreuschuppen, wintergrün
Mittlere Höhe: 60 cm
Frucht: Sporangienhäufchen (Sori) auf der Unterseite der Wedel
Standort: Halbschattig bis absonnig, Boden humos, steinig, nährstoffreich, frisch bis feucht, luftfeucht
Lebensbereiche: G2–3 / GR2–3, St2–3 = Gehölz/Gehölzrand, Steinanlagen
Geselligkeitsstufe: I = einzeln oder in kleinen Trupps von 1–3 Pflanzen
Besondere Hinweise: Ost- und nordseitig, anpassungsfähig an Boden und Standort
Weitere Arten und Sorten: *P. setiferum* mit einigen Sorten und der Kreuzung *P.* x *setigerum*, Presls Hybridfarn

© H. Götz

Polystichum setiferum 'Plumosum Densum' **

Garten-Flaumfeder-Filigranfarn

Dryopteriaceae – Wurmfarngewächse

Herkunft: Züchtung/Auslese; Art aus Europa, Asien, Himalaja, Kaukasus
Wuchs: Horstartig, bogig bis breitausladend
Blatt: Wedel dreifach gefiedert, die dicht stehenden, leicht gekräuselten Fiederchen überlappen sich, tiefgrün, wintergrün
Mittlere Höhe: 40 cm
Standort: Halbschattig bis absonnig, Boden humos, steinig, nährstoffreich, frisch bis feucht, luftfeucht
Lebensbereiche: G2–3 / GR2–3, St2–3 = Gehölz/Gehölzrand, Steinanlagen
Geselligkeitsstufe: I = einzeln oder in kleinen Trupps von 1–3 Pflanzen
Besondere Hinweise: Ost- bis nordseitig, anpassungsfähig an Boden und Standort
Weitere Arten und Sorten: *P. setiferum* 'Proliferum Dahlem', 60 cm, Wuchs mehr aufrecht, trichterförmig, Li; 'Proliferum Herrenhausen', 40 cm, breitwüchsig, Wedel zwei- bis dreifach gefiedert, Li

© Floramedia

Polystichum setiferum 'Proliferum' ***

Garten-Brutwedelfarn

Dryopteriaceae – Wurmfarngewächse

Herkunft: Züchtung/Auslese; Art aus Europa, Asien, Himalaja, Kaukasus
Wuchs: Horstartig, bogig bis breitausladend
Blatt: Wedel zwei- bis dreifach gefiedert, Fiederchen schmal, mit feinen Spreuschuppen und zahlreichen Brutknospen, wintergrün
Mittlere Höhe: 60 cm
Standort: Halbschattig bis absonnig, Boden humos, steinig, nährstoffreich, frisch bis feucht, luftfeucht
Lebensbereiche: G2–3 / GR2–3, St2–3 = Gehölz/Gehölzrand, Steinanlagen
Geselligkeitsstufe: I = einzeln oder in kleinen Trupps von 1–3 Pflanzen
Besondere Hinweise: Ost- bis nordseitig, anpassungsfähig an Boden und Standort
Weitere Arten und Sorten: *P. setiferum* 'Cristatum Pinulum', 'Heterosum Palaceum', 'Multilobum', 'Wollastonii'

© H. Götz

© Floramedia

Thelypteris palustris **

Sumpf-Lappenfarn

Thelypteridaceae – Lappenfarngewächse

Herkunft: Europa, Kaukasus, Sibirien, Nordamerika, Neuseeland
Wuchs: Locker horstartig, aufrecht bis ausladend
Blatt: Wedel zweifach gefiedert, bei fertilen Wedeln sind die Fiederchen eingerollt
Mittlere Höhe: 70 cm
Frucht: An den Spitzen kurze fertile Fiederchen, Sporangienhäufchen (Sori) auf der Unterseite
Standort: Sonnig bis halbschattig, Boden anmoorig bis moorig, nass, humos, sauer
Lebensbereiche: WR3–4 / GR3–4, Fr3–4 w = Wasserrand/Gehölzrand, Freiflächen wiesenähnlich, feucht bis dauernass
Geselligkeitsstufe: II–III = in kleinen Trupps von 3–5 bis zu größeren Gruppen von 10–20 Pflanzen
Besondere Hinweise: Für naturnahe Bereiche, weniger für Gärten geeignet

Gräser

„Grässlich ein Garten ohne Gräser", hat Karl Foerster einmal gesagt. Heimische Gattungen, Arten und Auslesen und zahlreiche fremdländische Gattungen mit Arten und Auslesen sind in der heutigen Gartenkultur unentbehrlich geworden. Der grazile Wuchs der Blätter und Halme mit unterschiedlichen, teils attraktiven Blütenständen sind eine große Bereicherung für Gärten.

© Floramedia

Achnatherum calamagrostis (syn. *Lasiagrostis calamagrostis, Stipa calamagrostis*) *

Silberährengras

Poaceae (Gramineae) – **Süßgrasgewächse**

Herkunft: Alpen, Jura, Südeuropa
Wuchs: Horstartig, ausladend, wintergrün
Blatt: Schmallineal, zugespitzt, überhängend, grün, im Herbst bräunlich
Blüte: Lockere, schweifartige Rispen auf bogenförmigen Halmen, silbrig braun, VII–VIII
Mittlere Höhe: Blatthorst 60 cm, Blüten 90 cm
Frucht: Karyopse (Grasfrucht)
Standort: Sonnig, warm, Steinschuttfluren, Boden durchlässig, mineralisch, kalkhaltig, mäßig trocken
Lebensbereiche: SH1 / St1, FS1 = Steppenheide / Steinanlagen, Felssteppen
Geselligkeitsstufe: I = einzeln oder in kleinen Trupps von 1–3 Pflanzen
Besondere Hinweise: Mit Langzeitwirkung, auch im Winter attraktiv
Weitere Arten und Sorten: *Achnatherum pekinense* (syn. *Stipa pekinense, Stipa extremorientalis, Stipa sibirica*)

© H. Götz

Achnatherum calamagrostis 'Algäu' ***

Garten-Silberährengras

Poaceae (Gramineae) – **Süßgrasgewächse**

Herkunft: Züchtung/Auslese; Art aus den Alpen, dem Jura, Südeuropa
Wuchs: Horstartig, ausladend, wintergrün
Blatt: Schmallineal, zugespitzt, überhängend, grün, im Herbst bräunlich
Blüte: Lockere, schweifartige Rispen auf bogenförmigen Halmen, silbrig braun, VII–VIII
Mittlere Höhe: Blatthorst 60 cm, Blüte 90 cm
Frucht: Karyopse (Grasfrucht)
Standort: Sonnig, warm, Steinschuttfluren, Boden durchlässig, mineralisch, kalkhaltig, mäßig trocken
Lebensbereiche: Fr1 b / St1 = Freiflächen beetähnlich / Steinanlagen
Geselligkeitsstufe: I = einzeln oder in kleinen Trupps von 1–3 Pflanzen
Besondere Hinweise: Gebietsauslese mit Langzeitwirkung und Winteraspekt

© H. Götz

Achnatherum calamagrostis 'Lemperg' ***

Garten-Silberährengras

Poaceae (Gramineae) – **Süßgrasgewächse**

Herkunft: Züchtung/Auslese; Art aus den Alpen, dem Jura, Südeuropa
Wuchs: Horstartig, ausladend, wintergrün
Blatt: Schmallineal, zugespitzt, überhängend, grün, im Herbst bräunlich
Blüte: Lockere, schweifartige Rispen auf bogenförmigen Halmen, silbrig braun, VII–VIII
Mittlere Höhe: Blatthorst 60 cm, Blüte 90 cm
Frucht: Karyopse (Grasfrucht)
Standort: Sonnig, warm, Steinschuttfluren, Boden durchlässig, mineralisch, kalkhaltig, mäßig trocken
Lebensbereiche: Fr1 b / St1 = Freiflächen beetähnlich/Steinanlagen
Geselligkeitsstufe: I = einzeln oder in kleinen Trupps von 1–3 Pflanzen
Besondere Hinweise: Standfeste Auslese mit Langzeitwirkung und Winteraspekt

Arundo donax (syn. *A. donax* var. *versicolor*) Li

Pfahlrohr

Poaceae (Gramineae) – Süßgrasgewächse

Herkunft: Orient, Mittelmeergebiet, Südeuropa

Wuchs: Langsam kriechend, straffaufrechte, hohe, schilfähnliche Halme

Blatt: Schmallanzettlich, zugespitzt, wechselständig, bogig, spät austreibend, graugrün, sommergrün

Blüte: Kommt in Deutschland nicht zum Blühen

Mittlere Höhe: Beblätterte Halme bis 350 cm

Standort: Sonnig, warm, Boden nährstoffreich, frisch bis feucht

Lebensbereiche: Fr2–3 b / B2–3 = Freiflächen beetähnlich/Beet

Geselligkeitsstufe: I = einzeln oder in kleinen Trupps von 1–3 Pflanzen

Besondere Hinweise: Einzelstellung, imposantes Solitärgras, in rauen Lagen ab –10 °C Winterschutz

© Floramedia

Arundo donax 'Variegata' Li

Garten-Pfahlrohr

Poaceae (Gramineae) – Süßgrasgewächse

Herkunft: Züchtung/Auslese; Art aus dem Orient, dem Mittelmeergebiet, Südeuropa

Wuchs: Langsam kriechend, straffaufrechte, hohe, schilfähnliche Halme

Blatt: Schmallanzettlich, zugespitzt, wechselständig, bogig, spät austreibend, graugrün mit weißem Rand, sommergrün

Blüte: Kommt in Deutschland nicht zum Blühen

Mittlere Höhe: Beblätterte Halme bis 250 cm

Standort: Sonnig, warm, Boden nährstoffreich, frisch bis feucht

Lebensbereiche: B2–3 = Beet

Geselligkeitsstufe: I = einzeln oder in kleinen Trupps von 1–3 Pflanzen

Besondere Hinweise: Einzelstellung, imposantes Solitärgras, in rauhen Lagen ab –10 °C Winterschutz

Weitere Arten und Sorten: 'Aureovariegata', Blätter graugrün, gelb bis weißlich längsgestreift; 'Variegata', Blätter grün mit weißem Rand

© Floramedia

Bouteloua gracilis (syn. *B. oligostachya*) *

Haarschotengras, Moskitogras

Poaceae (Gramineae) – Süßgrasgewächse

Herkunft: Nordamerika, Mexiko

Wuchs: Aufrecht, locker horstartig mit kurzen Ausläufern

Blatt: Schmallineal, zugespitzt, bräunlich grün, sommergrün

Blüte: In waagerecht abstehenden, einseitswendigen, behaarten, bräunlichen Ähren, VII–VIII

Mittlere Höhe: Blatthorst 10 cm, Blüte 30 cm

Frucht: Karyopse (Grasfrucht)

Standort: Sonnig, warm, Boden durchlässig, kalkhaltig, mäßig trocken bis frisch

Lebensbereiche: Fr1–2 w / SH1–2 = Freiflächen wiesenähnlich, teils offen/Steppenheide

Geselligkeitsstufe: II = in kleinen Trupps von 3–5 Pflanzen

Besondere Hinweise: Für artenreiche, prärieähnliche Pflanzungen

© Floramedia

© Floramedia

Briza media *

Zittergras

Poaceae (Gramineae) – Süßgrasgewächse

Herkunft: Europa, Türkei, Kaukasus
Wuchs: Horstartig, aufrechte Halme
Blatt: Schmallineal, zugespitzt, rau, grün, wintergrün
Blüte: Pyramidale Rispe, Ährchen herzförmig, flach zusammengedrückt, nickend, V–VIII
Mittlere Höhe: Blatthorst 20 cm, Blüte 40 cm
Frucht: Karyopse (Grasfrucht)
Standort: Sonnig, Boden durchlässig, nährstoffarm, lehmig-sandig, trocken bis frisch
Lebensbereiche: Fr1–2 w / M1–2 = Freiflächen wiesenähnlich/Matten
Geselligkeitsstufe: I–II = einzeln von 1–3 oder in kleinen Trupps von 3–5 Pflanzen
Besondere Hinweise: Anpassungsfähig an Boden und Standort
Weitere Arten und Sorten: 'Russel', 'Zitterzebra', Blätter grün und weiß gestreift

© Floramedia

Calamagrostis x acutiflora 'Karl Foerster' ***

Garten-Sandrohr

Poaceae (Gramineae) – Süßgrasgewächse

Herkunft: Züchtung/Auslese; Kreuzung aus *C. arundinacea* x *C. epigejos*
Wuchs: Horstartig, straffaufrechte Halme über dichtbuschigen Blattschöpfen
Blatt: Schmallineal, zugespitzt, überhängend, früh austreibend, grün, sommergrün
Blüte: Zahlreiche schlanke, aufrechte Rispen, anliegende Rispenäste, bräunlich gelb, VII
Mittlere Höhe: Blatthorst 60 cm, Blüte 100 cm
Frucht: Karyopse (Grasfrucht)
Standort: Sonnig, Boden nährstoffreich, frisch bis mäßig trocken
Lebensbereiche: Fr1–2 b / Fr1–2 w = Freiflächen beetähnlich/Freiflächen wiesenähnlich
Geselligkeitsstufe: I = einzeln oder in kleinen Trupps von 1–3 Pflanzen
Besondere Hinweise: Anpassungsfähig an Boden und Standort, Samenstände bis in den Winter attraktiv
Weitere Arten und Sorten: 'Overdam', 40/110 cm, mit auffälligen weißen Längsstreifen auf den Blattspreiten

© Floramedia

Calamagrostis brachytricha **

Diamant-Reitgras

Poaceae (Gramineae) – Süßgrasgewächse

Herkunft: Mittelasien, Ostasien, Korea, Japan
Wuchs: Horstartig, aufrechte Halme
Blatt: Schmallineal, zugespitzt, ausladend, überhängend, grün, sommergrün
Blüte: Zahlreiche lockere, aufrechte Rispen, graugrün, VIII–IX
Mittlere Höhe: Blatthorst 60 cm, Blüte 140 cm
Frucht: Karyopse (Grasfrucht)
Standort: Sonnig, Boden durchlässig, lehmig-sandig, auch steinig, frisch
Lebensbereiche: Fr2 w / GR2 = Freiflächen wiesenähnlich/Gehölzrand
Geselligkeitsstufe: I = einzeln oder in kleinen Trupps von 1–3 Pflanzen

Carex buchananii Li

Fuchsrote Segge

Cyperaceae – Sauergrasgewächse, Zypergrasgewächse

Herkunft: Neuseeland
Wuchs: Horstartig, aufrecht bis leicht bogenförmig
Blatt: Lineal, sehr schmal, zugespitzt, ganzjährig braunrot, wintergrün, auch im Winter attraktiv
Blüte: Unscheinbar, VII
Mittlere Höhe: Blatthorst 40 cm
Frucht: Nüsschen
Standort: Sonnig, warm, Boden nährstoffreich, durchlässig, frisch bis feucht
Lebensbereiche: Fr2–3 w / St2–3, WR2–3 = Freiflächen wiesenähnlich, teils offen/ Steinanlagen, Wasserrand
Geselligkeitsstufe: I–II = einzeln von 1–3 oder in kleinen Trupps von 3–5 Pflanzen
Besondere Hinweise: In niedrige, flächige Pflanzungen als Farbkontrast locker einstreuen, in sehr rauen Lagen im Winter schützen
Weitere Arten und Sorten: 'Viridis' ist eine grünblättrige Auslese

© Floramedia

Carex caryophyllea 'The Beatles' *

Garten-Schopf-Segge

Cyperaceae – Sauergrasgewächse, Zypergrasgewächse

Herkunft: Züchtung/Auslese; Art aus Europa und Asien
Wuchs: Horstartig, schopfartig, bogig überhängend
Blatt: Lineal, sehr schmal, fast haarartig, stark überhängend, grün, wintergrün
Blüte: Unscheinbar, IV–V
Mittlere Höhe: Blatthorst 20 cm, Blüte 30 cm
Frucht: Nüsschen
Standort: Sonnig bis halbschattig, warm, Boden sandig-lehmig oder lehmig-humos, nährstoffarm, frisch bis mäßig trocken
Lebensbereiche: GR1–2 / Fr1–2 b, St1–2 = Gehölzrand/Freiflächen beetähnlich, Steinanlagen
Geselligkeitsstufe: I–II = einzeln von 1–3 oder in kleinen Trupps von 3–5 Pflanzen
Weitere Arten und Sorten: Die heimische Art *C. caryophyllea* findet kaum Verwendung in Gärten

© Floramedia

Carex digitata *

Gefingerte Segge

Cyperaceae – Sauergrasgewächse, Zypergrasgewächse

Herkunft: Europa bis Asien
Wuchs: Horstartig, aufrechte Triebe
Blatt: Schmallineal, gebogen, Halme aufrecht, grün, wintergrün
Blüte: Ährchen bräunlich, unscheinbar, III–IV
Mittlere Höhe: Blatthorst 15 cm, Blüte 30 cm
Frucht: Nüsschen
Standort: Halbschattig bis schattig, krautreiche, lichte Laub- und Nadelwälder, Boden mäßig sauer, humos, lehmig, frisch
Lebensbereiche: G2 / GR2 = Gehölz/Gehölzrand
Geselligkeitsstufe: II = in kleinen Trupps von 3–5 Pflanzen

© Wikimedia/A. Sa-o

© H. Götz

Carex foliosissima 'Icedance' N

Weißrandige Garten-Segge

Cyperaceae – Sauergrasgewächse, Zypergrasgewächse

Herkunft: Züchtung/Auslese; Art aus Japan
Wuchs: Flächig, mit zahlreichen unterirdischen Ausläufern
Blatt: Lineal, aufrecht bis geneigt, zugespitzt, dunkelgrün mit weißem Blattrand, wintergrün
Blüte: Ähren bräunlich, unscheinbar, mit gelben Staubgefäßen, III–IV
Mittlere Höhe: Blatthorst 20 cm, Blüte 30 cm
Frucht: Nüsschen
Standort: Halbschattig, Boden durchlässig, humos, frisch
Lebensbereiche: G2 / GR2 = Gehölz/Gehölzrand
Geselligkeitsstufe: III–IV = in größeren Gruppen von 10–20 Pflanzen, auch flächig
Weitere Arten und Sorten: 'Irish Green' mit gleichen Eigenschaften, Blätter grün

© Floramedia

Carex grayi *

Morgenstern-Segge

Cyperaceae – Sauergrasgewächse, Zypergrasgewächse

Herkunft: Mittlere bis östliche USA
Wuchs: Horstartig, aufrecht, mit übergeneigten Blattspreiten
Blatt: Schmal riemenförmig, zugespitzt, grün, wintergrün
Blüte: Samenstände morgensternähnlich, rundlich, wie eine Stachelkeule, VIII–IX
Mittlere Höhe: Blatthorst 50 cm
Frucht: Nüsschen
Standort: Sonnig bis halbschattig, Boden nährstoffreich, lehmig, frisch bis nass
Lebensbereiche: Fr2–3 w / WR2–3, GR2–3 = Freiflächen wiesenähnlich/Wasserrand, Gehölzrand
Geselligkeitsstufe: I–II = einzeln von 1–3 oder in kleinen Trupps von 3–5 Pflanzen
Besondere Hinweise: Zum Schnitt geeignet
Weitere Arten und Sorten: *C. muskingumensis*, Palmwedel-Segge, 70 cm, schmale Blätter an den Halmen und büschelartig gehäuft an deren Enden, „palmwedelartig", Li

© H. Götz

Carex montana **

Berg-Segge

Cyperaceae – Sauergrasgewächse, Zypergrasgewächse

Herkunft: Europa
Wuchs: Dicht horstartig, halbkugelförmig, kurze, aufrechte Halme mit dem Laubaustrieb
Blatt: Dünn, schmal, dreikantig, zugespitzt, überhängend, bräunlich, herbstfärbend, sommergrün
Blüte: Halme mit ein bis zwei gedrungenen Ährchen, gelbe Staubgefäße, Kurzzeitwirkung
Mittlere Höhe: Blatthorst 15 cm
Frucht: Nüsschen
Standort: Sonnig, Boden neutral bis kalkhaltig, steinig, trocken bis frisch
Lebensbereiche: G2 / GR2, St1–2 = Gehölz/Gehölzrand, Steinanlagen
Geselligkeitsstufe: II = in kleinen Trupps von 3–5 Pflanzen
Besondere Hinweise: Erscheinungsbild ähnlich *C. umbrosa*, aber mit weichen Blättern

Carex morrowii 'Variegata' ***

Weißbunte Garten-Segge

Cyperaceae – Sauergrasgewächse, Zypergrasgewächse

Herkunft: Züchtung/Auslese; Art aus Japan
Wuchs: Horstartig, ausladend, kurze Halme
Blatt: Lineal, aufrecht bis geneigt, zugespitzt, dunkelgrün mit schmalen weißen Streifen, wintergrün
Blüte: Ähren bräunlich, unscheinbar, mit gelben Staubgefäßen, III–IV
Mittlere Höhe: Blatthorst 30 cm
Frucht: Nüsschen
Standort: Halbschattig, Boden lehmig- oder sandig-humos, frisch, luftfeucht
Lebensbereiche: B2 / GR2, G2 = Beet/Gehölzrand, Gehölz
Geselligkeitsstufe: I–II = einzeln von 1–3 oder in kleinen Trupps von 3–5 Pflanzen
Besondere Hinweise: Vielseitig verwendbar
Weitere Arten und Sorten: *C. morrowii*, grünblättrig, wird selten angeboten; 'Aureovariegata', Wuchs horstartig, farblich intensiv, eher schwachwüchsig; *C. oshimensis* 'Evergold', 30 cm, Blätter schmal, bogig, gelb, mit grünen Streifen, Li

© Floramedia

Carex ornithopoda 'Variegata' ***

Weißgestreifte Garten-Vogelfuß-Segge

Cyperaceae – Sauergrasgewächse, Zypergrasgewächse

Herkunft: Züchtung/Auslese; Art aus Europa
Wuchs: Schopfartige, fast halbkugelige Horste bildend
Blatt: Schmallineal, zugespitzt, bogig bis überhängend, grün mit weißem Längsstreifen in der Blattmitte, sommergrün
Blüte: Ährchen grünbraun, mit gelben Staubgefäßen, IV–V, ohne große Fernwirkung
Mittlere Höhe: Blatthorst 20 cm
Frucht: Nüsschen
Standort: Halb- bis lichtschattig, warm, Boden durchlässig, kalkhaltig, frisch
Lebensbereiche: G2 / GR2 = Gehölz/Gehölzrand
Geselligkeitsstufe: II = in kleinen Trupps von 3–5 Pflanzen
Besondere Hinweise: Als zierliche Blattschmuckstaude beachtenswert
Weitere Arten und Sorten: Die heimische Art wird in Gärten kaum verwendet

© Floramedia

Carex pendula **

Riesen-Segge, Hänge-Segge

Cyperaceae – Sauergrasgewächse, Zypergrasgewächse

Herkunft: Europa bis Asien
Wuchs: Große, ausladende Horste, Halme beblättert, aufrecht, oben gebogen bis geneigt
Blatt: Grundständig breit, lineal, zugespitzt, aufrecht, bogenförmig bis überhängend, grün, wintergrün
Blüte: Ähren hängend, grünlich braun
Mittlere Höhe: Blatthorst 60 cm, Blüte 120 cm
Frucht: Nüsschen
Standort: Halbschattig, im Wanderschatten, Boden lehmig, steinig, frisch bis feucht, zeitweilig auch nass.
Lebensbereiche: G2–3 / GR2–3, WR2–3 = Gehölz/Gehölzrand, Wasserrand
Geselligkeitsstufe: I–III = einzeln von 1–3 bis zu größeren Gruppen von 10–20 Pflanzen
Besondere Hinweise: Nur für naturnahe Bereiche, hoher Platzbedarf, verdrängend, starke Selbstaussaat

© Floramedia

© Floramedia

Carex plantaginea *

Wegerichblättrige Segge

Cyperaceae – Sauergrasgewächse, Zypergrasgewächse

Herkunft: Nordamerika
Wuchs: Rosettenähnlich, durch kurze Ausläufer flächendeckend, dünne, anliegend beblätterte Halme bildend
Blatt: Breitlineal, flach bogenförmig, zugespitzt, längsnervig, grün, wintergrün
Blüte: Ähren dunkelbraun mit gelben Staubgefäßen, V–VI, ohne große Fernwirkung
Mittlere Höhe: Blatthorst 20 cm
Frucht: Nüsschen
Standort: Halbschattig bis schattig, Boden lehmig-humos, durchlässig, frisch
Lebensbereiche: G2 / GR2 = Gehölz/Gehölzrand
Geselligkeitsstufe: II–III = in kleinen Trupps von 3–5 bis zu größeren Gruppen von 10–20 Pflanzen
Besondere Hinweise: Auch für artenreiche Pflanzungen

© M. Häussermann

Carex siderosticta 'Variegata' (syn. *C. sidersticha* 'Variegata') *

Buntblättrige Garten-Segge

Cyperaceae – Sauergrasgewächse, Zypergrasgewächse

Herkunft: Züchtung/Auslese; Art aus Ostasien
Wuchs: Mattenbildend, flächig durch Ausläufer
Blatt: Breitlineal, flach bogenförmig, zugespitzt, längsnervig, grün mit dezenten weißen Streifen, sommergrün
Blüte: Ährchen gelbbraun, V–VI, ohne große Fernwirkung
Mittlere Höhe: Blatthorst 20 cm
Frucht: Nüsschen
Standort: Halbschattig bis schattig, Boden durchlässig, humos, frisch
Lebensbereiche: G2 / GR2 = Gehölz/Gehölzrand
Geselligkeitsstufe: II–III = in kleinen Trupps von 3–5 bis zu größeren Gruppen von 10–20 Pflanzen
Besondere Hinweise: Blätter im Austrieb mit hellrosa Streifen, natürliche Laubdecke empfehlenswert

© Floramedia

Carex sylvatica **

Wald-Segge

Cyperaceae – Sauergrasgewächse, Zypergrasgewächse

Herkunft: Europa bis Asien
Wuchs: Horstartig, aufrechte, beblätterte Halme
Blatt: Schmallineal, spitz, aufrecht bis bogig geneigt, hellgrün, wintergrün
Blüte: Flache, weibliche Ähren, endständig gebogen bis geneigt, bräunlich
Mittlere Höhe: Blatthorst 50 cm
Frucht: Nüsschen
Standort: Halbschattig bis schattig, Boden humos, durchlässig, schwach sauer, frisch bis feucht
Lebensbereiche: G2–3 / GR2–3 = Gehölz/Gehölzrand
Geselligkeitsstufe: II–III = in kleinen Trupps von 3–5 bis zu größeren Gruppen von 10–20 Pflanzen
Besondere Hinweise: Für naturnahe Pflanzungen

Carex umbrosa **

Schatten-Segge

Cyperaceae – Sauergrasgewächse, Zypergrasgewächse

Herkunft: Europa bis Kleinasien
Wuchs: Horstartig, flache Polster bildend, kurze Halme
Blatt: Schmallineal, starr, rau, zugespitzt, etwas gebogen, grün, wintergrün
Blüte: Ährchen eiförmig, rotbraun
Mittlere Höhe: Blatthorst 10 cm, Blüte 20 cm
Frucht: Nüsschen
Standort: Halbschattig bis schattig, Boden durchlässig, humos, lehmig, neutral, frisch
Lebensbereiche: G2 / GR2 = Gehölz/Gehölzrand
Geselligkeitsstufe: II–III = in kleinen Trupps von 3–5 bis zu größeren Gruppen von 10–20 Pflanzen
Besondere Hinweise: Erscheinungsbild ähnlich *C. montana*, aber harte, starre, wintergrüne Blätter

© Floramedia

Chasmanthium latifolium (syn. *Uniola latifolia*) *

Plattährengras

Poaceae (Gramineae) – Süßgrasgewächse

Herkunft: Mittlere und östliche USA
Wuchs: Horstartig, buschig, Halme aufrecht, beblättert
Blatt: Lineal, lang, zugespitzt, grün, im Herbst ansehnlich gelb, sommergrün
Blüte: In lockeren Rispen, Ähren rundlich, sehr flach, hängend, gelblich bis braun, VIII–X
Mittlere Höhe: 80 cm
Frucht: Karyopse (Grasfrucht)
Standort: Sonnig bis halbschattig, Boden lehmig, nährstoffreich, frisch bis feucht
Lebensbereiche: Fr2–3 w / GR2–3 = Freiflächen wiesenähnlich/Gehölzrand
Geselligkeitsstufe: I = einzeln oder in kleinen Trupps von 1–3 Pflanzen
Besondere Hinweise: Zum Schnitt geeignet

© www.stauden-stade.de

Cortaderia selloana 'Pumila' Li

Garten-Pampasgras

Poaceae (Gramineae) – Süßgrasgewächse

Herkunft: Züchtung/Auslese; Art aus Südamerika
Wuchs: Schopfartige, große Horste bildend, Halme straffaufrecht, beblättert
Blatt: Bandartig, schmallineal, scharfrandig, überhängend, graugrün, wintergrün
Blüte: In silbrig weißen, kompakten Rispen, Rispenäste aufrecht, Halme straff, beblättert, IX–X
Mittlere Höhe: Blatthorst 50 cm, Blüte 150 cm
Frucht: Karyopse (Grasfrucht)
Standort: Sonnig, warm, Boden durchlässig, nährstoffreich, im Sommer frisch, im Winter trocken
Lebensbereiche: B2 / Fr2 b = Beet/Freiflächen beetähnlich
Geselligkeitsstufe: I = einzeln oder in kleinen Trupps von 1–3 Pflanzen
Besondere Hinweise: Solitärpflanze, zum Schnitt geeignet, trockener Winterschutz empfehlenswert

© Floramedia

Cortaderia selloana 'Sunningdale Silver' **

Garten-Pampasgras

Poaceae (Gramineae) – Süßgrasgewächse

Herkunft: Züchtung/Auslese; Art aus Südamerika
Wuchs: Schopfartige, große Horste bildend, Halme straffaufrecht, beblättert
Blatt: Bandartig, schmallineal, scharfrandig, überhängend, graugrün, wintergrün
Blüte: Große, silbrig weiße, lockere Rispen auf straffen Halmen, IX–X
Mittlere Höhe: Blatthorst 80 cm, Blüte 250 cm
Frucht: Karyopse (Grasfrucht)
Standort: Sonnig, warm, Boden durchlässig, nährstoffreich, im Sommer frisch, im Winter trocken
Lebensbereiche: B2 / Fr2 b = Beet/Freiflächen beetähnlich
Geselligkeitsstufe: I = einzeln oder in kleinen Trupps von 1–3 Pflanzen
Besondere Hinweise: Solitärpflanze, zum Schnitt geeignet, trockener Winterschutz empfehlenswert
Weitere Arten und Sorten: 'Argentea', 80/200 cm, dichte silbrige Blütenstände, IX–X, *; 'Rendatleri', 90/200 cm, Blütenstand bräunlich rosa, IX–X, Li

Deschampsia cespitosa *

Rasen-Schmiele

Poaceae (Gramineae) – Süßgrasgewächse

Herkunft: Europa bis Asien, Sibirien, Nordamerika
Wuchs: Horstartig, dicht schopfartig, Halme dünn, grazil
Blatt: Schmallineal, zugespitzt, dunkelgrün, früh austreibend
Blüte: In locker aufgebauten, transparenten Rispen, grünlich bis bräunlich, VI–IX
Mittlere Höhe: Blatthorst 60 cm, Blüte 100 cm
Frucht: Karyopse (Grasfrucht)
Standort: Sonnig bis absonnig, Boden sandig-lehmig, frisch bis feucht
Lebensbereiche: G2–3 / GR2–3, Fr2–3 w = Gehölz/Gehölzrand, Freiflächen wiesenähnlich
Geselligkeitsstufe: I = einzeln oder in kleinen Trupps von 1–3 Pflanzen
Besondere Hinweise: Versamt sich reichlich, eventuell rechtzeitiger Rückschnitt vor der Samenreife
Weitere Arten und Sorten: 'Bronzeschleier', *; 'Goldschleier', **; 'Tardiflora', *; 'Tauträger', *; *D. flexuosa*, Draht-Schmiele, 20/40 cm, VI–IX, *

Festuca cinerea (syn. *F. glauca*) N

Blau-Schwingel

Poaceae (Gramineae) – Süßgrasgewächse

Herkunft: Südostfrankreich bis Nordwestitalien
Wuchs: Halbkugelförmige Horste bildend, kurzhalmig
Blatt: Fein, grasartig, lineal, zugespitzt, graublau bis blaugrün, wintergrün
Blüte: In anliegenden, kleinen, blaugrünen Rispen, VI–VII
Mittlere Höhe: Blatthorst 15 cm, Blüte 25 cm
Frucht: Karyopse (Grasfrucht)
Standort: Sonnig, warm, Boden durchlässig, nährstoffarm, trocken
Lebensbereiche: St1 / FS1 = Steinanlagen/Felssteppen
Geselligkeitsstufe: I–II = einzeln von 1–3 oder in kleinen Trupps von 3–5 Pflanzen
Besondere Hinweise: Allgemeiner Sammelbegriff auch für die verbreiteten, unterschiedlichsten Klone, nicht großflächig verwenden, Lebensdauer oft begrenzt
Weitere Arten und Sorten: Verbreitete sind 'Azurit', 'Bergsilber', 'Elijah Blue', 'Frühlingsblau', 15/25 cm, blaugrau; 'Glaucantha', 10/15 cm, blaugrau; *F. amethystina*, Regenbogen-Schwingel, 15/30 cm, VI–VII

Festuca gautieri (syn. *F. scoparia*) *

Bärenfell-Schwingel

Poaceae (Gramineae) – Süßgrasgewächse

Herkunft: Pyrenäen
Wuchs: Breite, dichte, flächige Polster bildend
Blatt: Grasartig, haarfein, fest, oft stechend, spitz, grün, wintergrün
Blüte: In dichten Rispen mit fast anliegenden Seitenästen, gelbgrün, VI–VII
Mittlere Höhe: Blatthorst 15 cm, Blüte 25 cm
Frucht: Karyopse (Grasfrucht)
Standort: Sonnig bis absonnig, Boden durchlässig, nährstoffarm, mäßig trocken bis frisch
Lebensbereiche: St1–2 / FS1–2 = Steinanlagen/Felssteppen
Geselligkeitsstufe: II = in kleinen Trupps von 3–5 Pflanzen
Besondere Hinweise: Nicht großflächig verwenden
Weitere Arten und Sorten: 'Pic Carlit', 5/10 cm, kompaktwüchsig, Blattspitzen starr, stechend, VI–VII, ***; *F. alpina*, Alpen-Schwingel, 10/20 cm, flache, halbkugelförmige Polster, VI–VIII

© Floramedia

Festuca mairei **

Atlas-Schwingel

Poaceae (Gramineae) – Süßgrasgewächse

Herkunft: Atlasgebirge
Wuchs: Horstartig, groß, halbkugelförmig, Halme dünn, bogig geneigt
Blatt: Schmallineal, zugespitzt, aufrecht bis bogig geneigt, graugrün, im Winter mehr grau
Blüte: In Rispen mit dicht anliegenden Seitenästen, Halme überhängend, VI–VII
Mittlere Höhe: Blatthorst 60 cm, Blüte 100 cm
Frucht: Karyopse (Grasfrucht)
Standort: Sonnig, warm, Boden durchlässig, sandig- oder steinig-lehmig, trocken
Lebensbereiche: Fr1 w / St1, FS1 = Freiflächen wiesenähnlich, teils offen/Steinanlagen, Felssteppen
Geselligkeitsstufe: I = einzeln oder in kleinen Trupps von 1–3 Pflanzen
Besondere Hinweise: Erscheinungsbild weicht durch die Größe deutlich von den anderen Schwingelarten und Sorten ab

© Floramedia

Festuca ovina N

Echter Schaf-Schwingel

Poaceae (Gramineae) – Süßgrasgewächse

Herkunft: Mitteleuropa, Kaukasus, Westsibirien
Wuchs: Halbkugelförmige Horste bildend, Halme aufrecht
Blatt: Fein, grasartig, lineal, zugespitzt, graublau bis blaugrün, wintergrün
Blüte: In anliegenden, kleinen, graugrünen Rispen, VI–VII
Mittlere Höhe: Blatthorst 20 cm, Blüte 30 cm
Frucht: Karyopse (Grasfrucht)
Standort: Sonnig, warm, Boden durchlässig, sandig- oder steinig-lehmig, mäßig trocken
Lebensbereiche: Fr1 w / H1, St1, FS1 = Freiflächen wiesenähnlich, teils offen/Heide, Steinanlagen, Felssteppen
Geselligkeitsstufe: II = in kleinen Trupps von 3–5 Pflanzen
Besondere Hinweise: Variable und formenreiche Art, weniger empfindlich gegen Winternässe bzw. Schneedruck
Weitere Arten und Sorten: Verbreitet sind vegetativ vermehrte Sorten

© Floramedia

© Floramedia

Festuca ovina 'Blaufuchs' N

Garten-Schaf-Schwingel

Poaceae (Gramineae) – Süßgrasgewächse

Herkunft: Züchtung/Auslese; Art aus Mitteleuropa bis Sibirien
Wuchs: Horstartig, halbkugelförmig
Blatt: Schmallineal, grasartig, zugespitzt, weich, graugrün, wintergrün
Blüte: In graugrünen, schlanken Rispen, VI–VII
Mittlere Höhe: Blatthorst 15 cm, Blüte 25 cm
Frucht: Karyopse (Grasfrucht)
Standort: Sonnig, warm, Boden durchlässig, schwach sauer, nährstoffarm, trocken
Lebensbereiche: Fr1 w / H1, St1, FS1 = Freiflächen wiesenähnlich, teils offen/Heide , Steinanlagen, Felssteppen
Geselligkeitsstufe: II = in kleinen Trupps von 3–5 Pflanzen
Besondere Hinweise: *F. ovina* und deren Auslesen/Sorten sind weniger empfindlich gegen hohen Schneedruck
Weitere Arten und Sorten: 'Eisvogel', 15/30 cm, Auslese, graugrün; 'Harz', 20/40 cm, robuste Selektion, graugrün; 'Meerblau', 20/30 cm, blaugrün

© H. Götz

Festuca valesiaca N

Walliser Silber-Schwingel

Poaceae (Gramineae) – Süßgrasgewächse

Herkunft: Apennin, Balkan, Schweiz, Tschechien, Südeuropa
Wuchs: Horstartig, halbkugelförmig, Halme aufrecht
Blatt: Fein, grasartig, lineal, zugespitzt, graublau bis silbrig, wintergrün
Blüte: In anliegenden, kleinen, blaugrünen Rispen, VI–VII
Mittlere Höhe: Blatthorst 10 cm, Blüte 20 cm
Frucht: Karyopse (Grasfrucht)
Standort: Sonnig, warm, Boden durchlässig, nährstoffarm, trocken
Lebensbereiche: St1 / FS1, M1 = Steinanlagen/Felssteppen, Matten
Geselligkeitsstufe: I–II = einzeln von 1–3 oder in kleinen Trupps von 3–5 Pflanzen
Besondere Hinweise: Robuste Art, nicht aufs Wallis begrenzt, sondern an Naturstandorten weitverbreitet
Weitere Arten und Sorten: 'Glaucantha', 10/15 cm, blaugrau; 'Silbersee', 10/15 cm, silbrig blaue Auslese

© Floramedia

Glyceria maxima 'Variegata' Li

Buntblättriges Garten-Süßgras

Poaceae (Gramineae) – Süßgrasgewächse

Herkunft: Züchtung/Auslese; Art aus Europa bis Westasien
Wuchs: Aufrecht, Halme schilfartig beblättert
Blatt: Bandförmig, spitz, im Austrieb dreifarbig rosa-weiß-grün, später weiß-grün gestreifte Blätter, sommergrün
Blüte: In bräunlichen Rispen, unscheinbar, VII–VIII
Mittlere Höhe: 70 cm
Frucht: Karyopse (Grasfrucht)
Standort: Sonnig bis halbschattig, Boden nährstoffreich, frisch bis in 20 cm tiefes Wasser
Lebensbereiche: WR3–4 / GR3, Fr3 w = Wasserrand/Gehölzrand, Freiflächen
Geselligkeitsstufe: I–II = einzeln von 1–3 oder in kleinen Trupps von 3–5 Pflanzen
Besondere Hinweise: Art ist nicht für Gärten geeignet, die buntblättrige Sorte ist wuchsstark, eventuell eingrenzen, Rückschnitt nach der Blüte verbessert das Erscheinungsbild
Weitere Arten und Sorten: *G. maxima*, 80/160 cm, *

Helictotrichon sempervirens (syn. *Avena sempervirens*) *

Blaustrahl-Wiesenhafer

Poaceae (Gramineae) – **Süßgrasgewächse**

Herkunft: Westliches Mittelmeergebiet, Frankreich
Wuchs: Horstartig, halbkugelig, strahlig ausladend, Halme dünn, hoch, leicht gebogen
Blatt: Schmallineal, zugespitzt, aufrecht bis gebogen, derb, blaugrau, wintergrün
Blüte: In schlanken Rispen, hellgelbbraun, VII–VIII
Mittlere Höhe: Blatthorst 35 cm, Blüte 110 cm
Frucht: Karyopse (Grasfrucht)
Standort: Sonnig, warm, Boden durchlässig, mäßig nährstoffreich, neutral, trocken
Lebensbereiche: Fr1 w / SH1, St1, FS1 = Freiflächen wiesenähnlich/Steppenheide, Steinanlagen, Felssteppen
Geselligkeitsstufe: I = einzeln oder in kleinen Trupps von 1–3 Pflanzen
Weitere Arten und Sorten: 'Pendula', weitausladend, gebogene Halme, **; 'Saphirsprudel', Blätter relativ breit, blaugrau bereift, *

© H. Götz

Hystrix patula Li

Flaschenbürstengras

Poaceae (Gramineae) – **Süßgrasgewächse**

Herkunft: Nordamerika
Wuchs: Buschig, Halme straffaufrecht, wechselständig beblättert, ohne grundständigen Blatthorst
Blatt: Lanzettlich, zur Scheide verwachsen, aufwärts, abstehend bis bogig, hängend, grün, sommergrün
Blüte: Ähren mit langen Grannen, dadurch flaschenbürstenartige Wirkung, VI–VIII
Mittlere Höhe: 90 cm
Frucht: Karyopse (Grasfrucht)
Standort: Halbschattig, im Wanderschatten, Boden durchlässig, sandig- oder lehmig-humos, frisch
Lebensbereiche: GR2 / G2, Fr2 w = Gehölzrand / Gehölz, Freiflächen wiesenähnlich
Geselligkeitsstufe: I–II = einzeln von 1–3 oder in kleinen Trupps von 3–5 Pflanzen
Besondere Hinweise: Oft eher kurzlebig, erhält sich am zusagenden Standort durch Selbstaussaat

© Floramedia

Imperata cylindrica 'Red Baron' Li

Garten-Blutgras

Poaceae (Gramineae) – **Süßgrasgewächse**

Herkunft: Züchtung/Auslese; Art aus Japan
Wuchs: Horstartig, kurze Rhizome, Blätter und Halme aufrecht
Blatt: Lineal, zugespitzt, aufrecht, bräunlich rot
Blüte: Kommt selten zur Blüte
Mittlere Höhe: 30–40 cm
Frucht: Karyopse (Grasfrucht)
Standort: Sonnig, warm, Boden durchlässig, humos, frisch
Lebensbereiche: B2 / Fr2 b = Beet/Freiflächen beetähnlich
Geselligkeitsstufe: I = einzeln oder in kleinen Trupps von 1–3 Pflanzen
Besondere Hinweise: Vom Austrieb bis zum Herbst bräunlich rote Blattfärbung, interessant für dekorative Pflanzungen

© M. Häussermann

© Floramedia

Koeleria glauca *

Blaues Schillergras

Poaceae (Gramineae) – Süßgrasgewächse

Herkunft: Europa, Sibirien, Mittelasien
Wuchs: Horstartig, grasartig, halbkugelig, mit Erneuerungssprossen, Halme aufrecht
Blatt: Lineal, rinnig, zugespitzt, rau, halmumfassend, blaugrau, wintergrün
Blüte: Scheinähre, walzenförmig, Ährchen zwei- bis dreiblütig, anliegend
Mittlere Höhe: Blatthorst 15 cm, Blüte 30 cm
Frucht: Karyopse (Grasfrucht)
Standort: Sonnig, warm, feinerdige Sandböden, Sandrasen, im Flugsand, trocken
Lebensbereiche: H1 / St1, FS1 = Heiden/Steinanlagen, Felssteppen
Geselligkeitsstufe: II = in kleinen Trupps von 3–5 Pflanzen
Weitere Arten und Sorten: *K. macrantha*, 50 cm, für kalkhaltigen Boden, V–VI, *

© Floramedia

Leymus arenarius (syn. *Elymus arenarius*) *

Strandroggen

Poaceae (Gramineae) – Süßgrasgewächse

Herkunft: West-, Mittel- und Nordeuropa, Sibirien
Wuchs: Stark ausläuferbildend, Halme beblättert, aufrecht
Blatt: Bandartig, lineal, zugespitzt, blaugrau, wintergrün
Blüte: In dichten Ähren, gelbgrün, VI–VIII
Mittlere Höhe: 100 cm
Frucht: Karyopse (Grasfrucht)
Standort: Sonnig, Dünen, Deiche, Boden sandig, nährstoffarm, trocken
Lebensbereiche: Fr1 = Freiflächen, Dünen
Geselligkeitsstufe: II–III = in kleinen Trupps von 3–5 bis zu größeren Gruppen von 10–20 Pflanzen
Besondere Hinweise: Vorwiegend in der freien Landschaft zur Dünen- und Böschungsbefestigung, im Garten vor Ausbreitung schützen
Weitere Arten und Sorten: *L. racemosus*, Riesen-Strandroggen, nicht für Gärten geeignet

© Floramedia

Luzula nivea *

Schnee-Marbel

Juncaceae – Binsengewächse, Hainsimsengewächse

Herkunft: Mitteleuropa, Spanien, Frankreich, Italien, Slowenien
Wuchs: Horstartig bis lockerhorstartig, halbkugelig, Halme aufrecht
Blatt: Schmallineal, aufwärts bis überhängend, am Rand stark weiß bewimpert, tiefgrün, wintergrün
Blüte: Locker doldenrispig, spirreartig, weißlich, VI–VII
Mittlere Höhe: Blatthorst 20 cm, Blüte 40 cm
Frucht: Karyopse (Grasfrucht)
Standort: Halbschattig, artenarme Wälder, Boden durchlässig humos, mäßig sauer, kalkarm, frisch
Lebensbereiche: G2 / GR2 = Gehölz/Gehölzrand
Geselligkeitsstufe: II = in kleinen Trupps von 3–5 Pflanzen
Weitere Arten und Sorten: *L. pilosa*, Haar-Marbel, 15/25 cm, Blätter mehr oder weniger bewimpert , für Pflanzungen unter Bäumen und am Gehölzrand, *

Luzula sylvatica **

Wald-Hainsimse, Wald-Marbel

Juncaceae – Binsengewächse, Hainsimsengewächse

Herkunft: Mitteleuropa bis Kaukasus; variable Art

Wuchs: Horstartig bis locker horstartig bis flächig, Halme aufrecht

Blatt: Breitlineal, gebogen bis überhängend, leicht rinnig, zugespitzt, grün, wintergrün

Blüte: In endständigen Doldenrispen, spirreartig, unscheinbar, bräunlich, V–VI

Mittlere Höhe: Blatthorst 20 cm, Blüte 40 cm

Frucht: Karyopse (Grasfrucht)

Standort: Absonnig, halbschattig bis schattig, Boden humos, frisch bis feucht

Lebensbereiche: G2–3 / GR2–3, WR2–3 = Gehölz/Gehölzrand, Wasserrand

Geselligkeitsstufe: II–III = in kleinen Trupps von 3–5 bis zu größeren Gruppen von 10–20 Pflanzen, auch flächig

Besondere Hinweise: Anspruchsloser Flächendecker bei frischem bis feuchtem Boden, unter Bäumen gut geeignet

Weitere Arten und Sorten: 'Hohe Tatra', breitblättrige Auslese, *; 'Tauernpaß', 20/40 cm, Blatt sehr breit, grün, *; 'Wintergold', Blätter besonders im Winter gelblich

© Floramedia

Luzula sylvatica 'Marginata' ***

Gelbrandige-Garten-Marbel

Juncaceae – Binsengewächse, Hainsimsengewächse

Herkunft: Züchtung/Auslese; Art aus Europa, der Türkei, dem Kaukasus

Wuchs: Horstartig, durch kurze Ausläufer flächig

Blatt: Breitlineal, gebogen bis überhängend, zugespitzt, grün mit gelbem, später weißem Rand, wintergrün

Blüte: In endständigen Doldenrispen, spirreartig, unscheinbar, bräunlich, V–VI

Mittlere Höhe: Blatthorst 20 cm, Blüte 40 cm

Frucht: Karyopse (Grasfrucht)

Standort: Absonnig, halbschattig bis schattig, Boden humos, frisch bis feucht

Lebensbereiche: G2–3 / GR2–3, WR2–3 = Gehölz/Gehölzrand, Wasserrand

Geselligkeitsstufe: II–III = in kleinen Trupps von 3–5 bis zu größeren Gruppen von 10–20 Pflanzen

Weitere Arten und Sorten: *L. sylvatica* var. *sieberi* 'Farnfreund', 15/30 cm, eine interessante Auslese, in allen Teilen zierlicher, mit weniger Platzbedarf, **

© Floramedia

Melica altissima 'Atropurpurea' Li

Hohes Perlgras

Poaceae (Gramineae) – Süßgrasgewächse

Herkunft: Züchtung/Auslese; Art vom Balkan, aus Österreich, Osteuropa

Wuchs: Locker horstartig, Halme wenig beblättert, aufrecht bis bogig

Blatt: Grasartig, schmal, zugespitzt, Oberseite behaart grün, sommergrün

Blüte: Scheinährig, einseitswendig mit kurzen ährigen Seitenästchen, purpurbraun, V–VII

Mittlere Höhe: 80–100cm

Frucht: Karyopse (Grasfrucht)

Standort: Halbschattig bis sonnig, Boden humos, trocken bis frisch

Lebensbereiche: GR1 / FR1 = Gehölzrand/Freifläche

Geselligkeitsstufe: I–II = einzeln von 1–3 oder in kleinen Trupps von 3–5 Pflanzen

Weitere Arten und Sorten: *Melica altissima*, bräunliche, einseitswendige, verästelte Scheinähre, I I

© M. Häussermann

© M. Häussermann

Melica ciliata *

Wimper-Perlgras

Poaceae (Gramineae) – Süßgrasgewächse

Herkunft: Europa bis Asien
Wuchs: Horstartig, Halme aufrecht bis gebogen, beblättert
Blatt: Grasartig, schmal, zugespitzt, Oberseite behaart, grün, sommergrün
Blüte: Scheinährig, walzenförmig mit kurzen ährigen Seitenästen, weiß silbrig, V–VII
Mittlere Höhe: Blatthorst 20, Blüte 60 cm
Frucht: Karyopse (Grasfrucht)
Standort: Sonnig, artenreiche Gebüschsäume, Boden neutral bis kalkhaltig, sandig-lehmig, steinig, trocken bis frisch
Lebensbereiche: St1–2 / FS1–2, SH1–2 = Steinanlagen/Felssteppen, Steppenheide
Geselligkeitsstufe: I–II = einzeln von 1–3 oder in kleinen Trupps von 3–5 Pflanzen
Besondere Hinweise: Kann im Garten durch Versamen lästig werden
Weitere Arten und Sorten: *M. nutans*, Nickendes Perlgras, 50 cm, scheinährig, verästelt mit hängenden Ährchen, V–VI, *; *M. transsilvanica*, Siebenbürgener Perlgras, 40 cm, scheinährig, walzenförmig, V–VII, *

© Floramedia

Miscanthus sinensis 'Adagio' N

Garten-Chinaschilf, Garten-Landschilf

Poaceae (Gramineae) – Süßgrasgewächse

Herkunft: Züchtung/Auslese; Art aus Ostasien
Wuchs: Horstartig, Halme aufrecht
Blatt: Wechselständig, schmallineal, bogig, zugespitzt, grün, sommergrün
Blüte: Blütenstand ästig verzweigt mit zahlreichen langen Ähren, silbrig weiß, IX–X
Mittlere Höhe: 100 cm
Frucht: Karyopse (Grasfrucht)
Standort: Sonnig, Boden lehmig-humos, nährstoffreich, frisch
Lebensbereiche: B2 / Fr2 b = Beet/Freiflächen beetähnlich
Geselligkeitsstufe: I = einzeln oder in kleinen Trupps von 1–3 Pflanzen
Besondere Hinweise: zum Schnitt geeignet
Weitere Arten und Sorten: *M. sinensis* 'Ferner Osten', 130 cm, Blätter ab IX rötlich; 'Ghana', 150 cm, Blätter braunrot ab VIII; 'Gracillimus', 140 cm, Blätter schmal, blüht selten **; 'Graziella', 140 cm, hell-rosa, sicher blühend, **; 'Große Fontäne', 200 cm, **; 'Kaskade', 180 cm, bogig, hellrosa, **; 'Kleine Fontäne, 160, silbrig, VII–IX, ***; 'Kleine Silberspinne' 110 cm, früh, rosaweiß, **

© Floramedia

Miscanthus sinensis 'Malepartus' ***

Garten-Chinaschilf, Garten-Landschilf

Poaceae (Gramineae) – Süßgrasgewächse

Herkunft: Züchtung/Auslese; Art aus Ostasien
Wuchs: Horstartig, Halme aufrecht mit überhängenden Blattspreiten
Blatt: Wechselständig, breitlineal, bogig, grün, im Herbst gelb, sommergrün
Blüte: Blütenstand ästig verzweigt mit zahlreichen langen Ähren, rotbraun, IX–X
Mittlere Höhe: 200 cm
Frucht: Karyopse (Grasfrucht)
Standort: Sonnig, Boden lehmig, nährstoffreich, frisch
Lebensbereiche: B2 / Fr2 b = Beet/Freiflächen beetähnlich
Geselligkeitsstufe: I = einzeln oder in kleinen Trupps von 1–3 Pflanzen
Besondere Hinweise: zum Schnitt geeignet
Weitere Arten und Sorten: 'Nippon', 140 cm, silbrig, VIII–X, *; 'Rotsilber', 150 cm, rot silbrig, *; 'Silberfeder', 200 cm, silbrig, ***; 'Silberspinne', 160 cm, rosaweiß, **; 'Silberturm', 250 cm, silbrig, *; 'Sirene, 200 cm, bräunlich, *; 'Undine', 180 cm, rosaweiß, *; 'Verneigung', 170 cm, weiß, **

Miscanthus sinensis 'Strictus' *

Steifer Garten-Zebraschilf, Garten-Landschilf

Poaceae (Gramineae) – Süßgrasgewächse

Herkunft: Züchtung/Auslese; Art aus China
Wuchs: Horstartig aufrecht, auch Blattspreiten aufrecht
Blatt: Wechselständig schräg aufwärts, lineal, zugespitzt, grüngelb quergestreift, sommergrün
Blüte: Blüht nur in sehr warmen Sommern (braun, X)
Mittlere Höhe: 180 cm
Frucht: Karyopse (Grasfrucht)
Standort: Sonnig, Boden lehmig, nährstoffreich, frisch
Lebensbereiche: B2 / Fr2 b = Beet/Freiflächen beetähnlich
Geselligkeitsstufe: I = einzeln oder in kleinen Trupps von 1–3 Pflanzen
Besondere Hinweise: Blüht selten, beblätterte Halme zum Schnitt geeignet
Weitere Arten und Sorten: 'Goldfeder', 170 cm, Blätter gelb längsgestreift, **; 'Morning Light', 120 cm, Blätter sehr schmal, grün, weiß gerandet, Li; 'Variegatus', 130 cm, Blätter grünweiß längsgestreift, *; 'Zebrinus', 160 cm, Blätter bogig, grüngelb quergestreift, *

© Floramedia

Miscanthus x giganteus 'Aksel Olsen' (syn. *M. japonicus* hort.) **

Hoher-Garten-Chinaschilf, Garten-Landschilf

Poaceae (Gramineae) – Süßgrasgewächse

Herkunft: Definierte Auslese
Wuchs: Horstartig, kurze Ausläufer, Halme hoch, aufrecht
Blatt: Wechselständig, überhängend, bandartig, breitlineal, zugespitzt, grün, im Herbst gelb, sommergrün
Blüte: Blüht nur in extrem warmen Sommern
Mittlere Höhe: 350 cm
Frucht: Karyopse (Grasfrucht)
Standort: Sonnig, warm, Boden nährstoffreich, lehmig, frisch
Lebensbereiche: B2 / Fr2 b = Beet/Freiflächen beetähnlich
Geselligkeitsstufe: I = einzeln oder in kleinen Trupps von 1–3 Pflanzen
Besondere Hinweise: Die breiten Blattspreiten fallen allmählich ab und verteilen sich weiträumig
Weitere Arten und Sorten: *M. sacchariflorus*, Silberfahnengras, mit den Sorten 'Robustus' und 'Sommerfeder', ist sehr invasiv und weniger für Gärten geeignet

© Floramedia

Molinia arundinacea 'Windspiel' **

Hohes Garten-Pfeifengras

Poaceae (Gramineae) – Süßgrasgewächse

Herkunft: Züchtung/Auslese; Art aus Europa bis zum Kaukasus
Wuchs: Horstartig, hohe, aufrechte bis bogig geneigte, knotenlose Halme
Blatt: Schmallineal, überhängend, grün, im Herbst tief gelbbraun, sommergrün
Blüte: Klein, in filigranen, kurze Rispen, grünlich braun, VIII–X
Mittlere Höhe: Blatthorst 60 cm, Blüte 200 cm
Frucht: Karyopse (Grasfrucht)
Standort: Sonnig bis halbschattig, Boden nährstoffreich, frisch bis feucht
Lebensbereiche: Fr2–3 w / GR2–3 = Freiflächen wiesenähnlich/Gehölzrand
Geselligkeitsstufe: I = einzeln oder in kleinen Trupps von 1–3 Pflanzen
Besondere Hinweise: Variable Art, versamt sich bisweilen, Sorten durch Auslesen mit gelbbrauner Herbstfärbung
Weitere Arten und Sorten: 'Bergfreund', 60/180 cm, Rispen locker, VII–X, *; 'Karl Foerster', 50/170 cm, Halme straffaufrecht, *; 'Strahlenquelle', 40/90 cm, Halme strahlenförmig aufrecht, Rispenäste anliegend, *; 'Transparent', 50/180 cm, Rispen locker, **

© Floramedia

© Floramedia

Molinia caerulea *

Blaues Pfeifengras, Moor-Pfeifengras

Poaceae (Gramineae) – Süßgrasgewächse

Herkunft: Europa, Kaukasus, Kleinasien, Mittelasien, Sibirien
Wuchs: Horstartig, Halme strahlenförmig aufrecht
Blatt: Lineal, aufrecht bis bogig, zugespitzt, grün, sommergrün
Blüte: Klein, in schmalen Rispen mit anliegenden Ästen, bräunlich grau, VII–IX
Mittlere Höhe: Blatthorst 20 cm, Blüte 60 cm
Frucht: Karyopse (Grasfrucht)
Standort: Sonnig bis absonnig, Boden sandig-moorig bis moorig, mäßig nährstoffreich, sauer bis leicht sauer, frisch bis feucht
Lebensbereiche: Fr2–3 w / H2–3, GR2–3 = Freiflächen/Heiden, Gehölzrand
Geselligkeitsstufe: II = in kleinen Trupps von 3–5 Pflanzen
Besondere Hinweise: Variable Sammelart, versamt sich bisweilen, Sorten durch Auslesen mit gelbbrauner Herbstfärbung
Weitere Arten und Sorten: 'Dauerstrahl', 30/70 cm, Rispenäste abstehend, **; 'Edith Dudszus', 30/60, Halme standfest, *; 'Moorhexe', 20/60 cm, Blätter grün, im Herbst tiefgelb, *

© Floramedia

Molinia caerulea 'Variegata' ***

Gestreiftes Garten-Pfeifengras

Poaceae (Gramineae) – Süßgrasgewächse

Herkunft: Züchtung/Auslese; Art aus Europa bis Asien
Wuchs: Horstartig, Halme aufrecht bis bogig
Blatt: Lineal, überhängend, zugespitzt, grün mit gelblich weißen Längsstreifen, sommergrün
Blüte: In lockeren Rispen, bräunlich grau, VIII–IX
Mittlere Höhe: Blatthorst 30 cm, Blüte 50 cm
Standort: Sonnig bis absonnig, Boden sandig-moorig bis moorig, mäßig nährstoffreich, sauer bis leicht sauer, frisch bis feucht
Lebensbereiche: Fr2–3 b / GR2–3 = Freiflächen beetähnlich/Gehölzrand
Geselligkeitsstufe: II = in kleinen Trupps von 3–5 Pflanzen
Besondere Hinweise: Dezente Blattfärbung, schöne Herbstfärbung

© Floramedia

Panicum virgatum *

Rispen-Hirse

Poaceae (Gramineae) – Süßgrasgewächse

Herkunft: Kanada, USA
Wuchs: Horstartig, Halme straffaufrecht, wechselständig beblättert
Blatt: Lineal, bogig aufstrebend bis übergeneigt, grün bis blaugrün
Blüte: In sehr lockeren, filigranen Rispen, bräunlich grün, VII–IX
Mittlere Höhe: 130 cm
Frucht: Karyopse (Grasfrucht)
Standort: Sonnig, warm, Boden sandig-lehmig bis lehmig, frisch
Lebensbereiche: Fr2 w / GR2 = Freiflächen wiesenähnlich/Gehölzrand
Geselligkeitsstufe: I = einzeln oder in kleinen Trupps von 1–3 Pflanzen
Besondere Hinweise: Die Art ist wenig verbreitet, aber Sorten mit blaugrünen oder blaugrauen Blättern
Weitere Arten und Sorten: 'Cloud Nine', 150 cm, Blätter blaugrün, VII–IX; 'Heavy Metal', 90 cm, blaugrün; 'Heiliger Hain', 130 cm, blaugrün, ISU Wertzeugnis; 'Strictum', 110/150 cm, standfest, ***

Panicum virgatum 'Hänse Herms' **

© Floramedia

Garten-Rispen-Hirse

Poaceae (Gramineae) – Süßgrasgewächse

Herkunft: Züchtung/Auslese; Art aus Kanada, USA
Wuchs: Horstartig, Halme straffaufrecht, wechselständig beblättert
Blatt: Lineal, bogig aufstrebend bis übergeneigt, bereits ab VIII mit braunroter Färbung
Blüte: In sehr lockeren, filigranen Rispen, bräunlich, VII–IX
Mittlere Höhe: 70 cm
Frucht: Karyopse (Grasfrucht)
Standort: Sonnig, warm, Boden sandig-lehmig bis lehmig, frisch
Lebensbereiche: B2 / Fr2 b = Beet/Freiflächen beetähnlich
Geselligkeitsstufe: I = einzeln oder in kleinen Trupps von 1–3 Pflanzen
Besondere Hinweise: Zum Schnitt geeignet; die Blütenrispen sind nicht deutlich vom Blattschopf abgesetzt
Weitere Arten und Sorten: 'Rotstrahlbusch', 80 cm, Blätter im Sommer braunrot, **; 'Shenandoah', 90 cm, Blätter ab VIII rot; 'Warrior', 140 cm, Blätter grün mit roten Spitzen

Pennisetum advena 'Wipff & Veldmann'

© Martina Simonazzi/Shutterstock.com

Rotes Lampenputzergras

Poaceae (Gramineae) – Süßgrasgewächse

Herkunft: Züchtung/Auslese; Art aus Ostasien, Australien
Wuchs: Dicht horstartig, lockerbuschig, Halme aufwärts, leicht gebogen
Blatt: Schmallineal, lang, zugespitzt, bogig geneigt, rot, im Herbst gelb
Blüte: In dichten, walzenförmigen Scheinähren, graubraun, VIII–XI
Mittlere Höhe: Blatthorst 50 cm, Blüte 70 cm
Frucht: Karyopse (Grasfrucht)
Standort: Sonnig, warm, Boden durchlässig, nährstoffreich, frisch, nicht winterhart
Lebensbereiche: B2 / Fr2 b = Beet/Freiflächen beetähnlich
Geselligkeitsstufe: I = einzeln oder in kleinen Trupps von 1–3 Pflanzen
Besondere Hinweise: Exzellente Farbwirkung in Sommerbeeten

Die Art Pennisetum setaceum wurde von der EU auf die Liste der invasiven Arten gesetzt und darf nicht mehr verkauft werden. Die früher unter dem Namen *Pennisetum setaceum* 'Rubrum' wurde von der Art ausgegliedert und darf unter dem Namen *Pennisetum advena* 'Wipff & Veldmann' (Syn. *Cenchrus advena*) wieder im EU-Raum angeboten werden.

Phalaris arundinacea 'Picta' Li

© Floramedia

Garten-Rohr-Glanzgras

Poaceae (Gramineae) – Süßgrasgewächse

Herkunft: Züchtung/Auslese; Art von der Nordhalbkugel
Wuchs: Aufrecht, starke Ausläuferbildung, bestandsbildend, Halme straff aufrecht, beblättert
Blatt: Schmallineal, wechselständig, zugespitzt, bogig, grünweiß gestreift, im Austrieb rosa, sommergrün
Blüte: In Rispen, grünlich, ohne große Zierwirkung, VI
Mittlere Höhe: 90 cm
Frucht: Karyopse (Grasfrucht)
Standort: Sonnig bis halbschattig, Boden lehmig, feucht bis nass
Lebensbereiche: Fr2–3 b / WR2–3 = Freiflächen beetähnlich/Wasserrand
Geselligkeitsstufe: II = in kleinen Trupps von 3–5 Pflanzen
Besondere Hinweise: Zum Schnitt geeignet
Weitere Arten und Sorten: *P. arundinacea*, Rohr-Glanzgras, 120 cm, Blätter grün, nur für naturnahe Pflanzungen

© Floramedia

Poa chaixii *

Wald-Rispengras

Poaceae (Gramineae) – **Süßgrasgewächse**

Herkunft: Mitteleuropa, Kleinasien, Kaukasus
Wuchs: Horstartig, Halme aufrecht, beblättert
Blatt: Schmal, wechselständig, flach, an der Spitze kapuzenförmig, grün, wintergrün
Blüte: Klein, in lockeren Rispen, Rispenäste meist nickend, grün
Mittlere Höhe: 80 cm
Frucht: Karyopse (Grasfrucht)
Standort: Halb- bis lichtschattig, Boden, sandig-lehmig, humos, frisch
Lebensbereiche: G2 / GR2 = Gehölz/Gehölzrand
Geselligkeitsstufe: II–III = in kleinen Trupps von 3–5 bis zu größeren Gruppen von 10–20 Pflanzen
Besondere Hinweise: Nur *P. chaixii* als attraktive Gartenpflanze nutzbar, andere Rispengräser nicht

© Floramedia

Sasaella ramosa (syn. *Sasa pumila*) N

Zwergbambus, Scheinbambus

Poaceae (Gramineae) – **Süßgrasgewächse**

Herkunft: Japan
Wuchs: Flächig, aufrecht, verholzend, durch starke Ausläuferbildung bestandsbildend
Blatt: Schmallanzettlich, grün, immergrün
Blüte: Blüht in unvorhersehbaren, Jahrzehnte auseinanderliegenden Intervallen
Mittlere Höhe: 50 cm
Frucht: Karyopse (Grasfrucht)
Standort: Halb- bis lichtschattig, Boden sandig-lehmig, frisch, auch im Wurzelbereich von Gehölzen
Lebensbereiche: GR2 = Gehölzrand
Geselligkeitsstufe: III–V = in größeren Gruppen von 10–20 Pflanzen oder großflächig
Besondere Hinweise: Nur für extensive Restflächen, Frostschäden werden nach dem Rückschnitt der Pflanzen ausgeglichen

© Floramedia

Sesleria autumnalis **

Herbst-Kopfgras

Poaceae (Gramineae) – **Süßgrasgewächse**

Herkunft: Norditalien, Albanien, Slowenien
Wuchs: Locker horstartig, aufrecht bis bogig, Halme aufrecht
Blatt: Schmallineal, graugrün, im Herbst gelblich, wintergrün
Blüte: In schmalen, walzenförmigen Ähren, grünlich weiß, IX–X
Mittlere Höhe: Blatthorst 30 cm, Blüte 60 cm
Frucht: Karyopse (Grasfrucht)
Standort: Sonnig, warm, Boden durchlässig, mäßig nährstoffreich, trocken bis frisch
Lebensbereiche: Fr1–2 w / FS1–2, GR2 = Freiflächen wiesenähnlich/Felssteppen, Gehölzrand
Geselligkeitsstufe: I = einzeln oder in kleinen Trupps von 1–3 Pflanzen
Weitere Arten und Sorten: *S. albicans*, Kalk-Blaugras, 10/25 cm, bläulich bereift, IV–VI, *; *S. caerulea*, Moor-Kopfgras, 10/30 cm, Blätter blau bereift, blauschwarze Ähren, IV–V

Sesleria heufleriana *

Heuflers Kopfgras

Poaceae (Gramineae) – Süßgrasgewächse

Herkunft: Slowakei, Ungarn, Rumänien, Westrussland
Wuchs: Horstartig, dicht, Halme zahlreich, ausgebreitet
Blatt: Schmallineal, graugrün, im Herbst gelblich, wintergrün
Blüte: Klein, kurze, walzenförmigen Ähren, schwärzlich, gelbe Antheren, IX–X
Mittlere Höhe: Blatthorst 25 cm, Blüte 50 cm
Frucht: Karyopse (Grasfrucht)
Standort: Sonnig bis absonnig, Boden durchlässig, nährstoffarm, frisch
Lebensbereiche: GR2 / Fr2 w, St2 = Gehölzrand/Freiflächen wiesenähnlich, offen, Steinanlagen
Geselligkeitsstufe: I–II = einzeln von 1–3 oder in kleinen Trupps von 3–5 Pflanzen
Besondere Hinweise: Interessante Art mit einer Unterart *hungarica*

© M. Häussermann

Sorghastrum nutans (syn. *Chrysopogon nutans*) **

Indianergras, Goldbartgras

Poaceae (Gramineae) – Süßgrasgewächse

Herkunft: Nordamerika, USA, Kanada
Wuchs: Halme straffaufrecht, beblättert, ohne grundständigen Blatthorst, aufrecht
Blatt: Schmallineal, wechselständig, bräunlich grün, bisweilen rötlich, spät austreibend
Blüte: In endständigen Rispen, rotbraun mit gelben Staubfäden, VIII–X
Mittlere Höhe: 120 cm
Frucht: Karyopse (Grasfrucht)
Standort: Sonnig, warm, Boden neutral bis schwach kalkhaltig, sandig-lehmig bis lehmig, trocken bis frisch
Lebensbereiche: Fr1–2 w / GR1–2 = Freiflächen wiesenähnlich, teils offen/Gehölzrand
Geselligkeitsstufe: I = einzeln oder in kleinen Trupps von 1–3 Pflanzen
Besondere Hinweise: Blütenhalme färben sich im Herbst braunrot und bleiben lange wirkungsvoll
Weitere Arten und Sorten: Sorten wie 'Indian Steel', 80–100 cm, und 'Sioux Blue', 60–80 cm, Blätter blaugrün, sind noch wenig verbreitet

© Floramedia

Spartina pectinata 'Aureomarginata' *

Garten-Goldleistengras

Poaceae (Gramineae) – Süßgrasgewächse

Herkunft: Züchtung/Auslese; Art aus Nordamerika
Wuchs: Halme aufrecht mit überhängenden Blattspreiten, stark ausläuferbildend
Blatt: Lang, bandförmig, lineal, zugespitzt, grün mit auffallenden gelben Rändern, im Herbst gelb, sommergrün
Blüte: Blütenstände rispig, Rispenäste ährig, bräunlich, VIII–IX, wenig wirkungsvoll
Mittlere Höhe: 150 cm
Frucht: Karyopse (Grasfrucht)
Standort: Sonnig bis absonnig, Boden lehmig, nährstoffreich, frisch bis feucht
Lebensbereiche: Fr2–3 w / WR3 = Freiflächen wiesenähnlich/Wasserrand
Geselligkeitsstufe: I–II = einzeln von 1–3 oder in kleinen Trupps von 3–5 Pflanzen
Besondere Hinweise: Breitet sich durch unterirdische Ausläufer stark aus, eventuell durch Ausläufersperre eingrenzen
Weitere Arten und Sorten: Die Art ist ohne Gartenwert

© Floramedia

Spodiopogon sibiricus *.

Graubartgras, Zotten-Rauhgras

Poaceae (Gramineae) – **Süßgrasgewächse**

Herkunft: Sibirien, Ostasien
Wuchs: Halme straffaufrecht, wechselständig beblättert, kurze Ausläufer bildend
Blatt: Lineal bis lineallanzettlich, spät austreibend, grün, mit gelbbrauner Herbstfärbung, sommergrün
Blüte: In schmalen, lockeren Rispen, rotbraun, Rispenäste ährig, VII–IX
Mittlere Höhe: 130 cm
Frucht: Karyopse (Grasfrucht)
Standort: Sonnig bis halbschattig, Boden frisch bis feucht
Lebensbereiche: Fr2–3 w / M2–3, GR2–3 = Freiflächen wiesenähnlich/Matten, Gehölzrand
Geselligkeitsstufe: I = einzeln oder in kleinen Trupps von 1–3 Pflanzen
Besondere Hinweise: Anpassungsfähig an Boden und Standort

Stipa capillata *

Haar-Federgras

Poaceae (Gramineae) – **Süßgrasgewächse**

Herkunft: Mittel- und Südeuropa bis Kleinasien
Wuchs: Horstartig, Halme ziemlich straffaufrecht
Blatt: Sehr schmal, haarförmig, überhängend, grün, wintergrün
Blüte: In lockeren Rispen, Spelzen mit langen, nicht behaarten Grannen, fast waagerecht, silbrig, VII–VIII
Mittlere Höhe: Blatthorst 30 cm, Blüte 80 cm
Frucht: Karyopse (Grasfrucht)
Standort: Sonnig, warm, Boden durchlässig, kalkhaltig, mäßig trocken bis trocken
Lebensbereiche: Fr1 w / St1, FS1 = Freiflächen wiesenähnlich, teils offen/Steinanlagen, Felssteppen
Geselligkeitsstufe: I = einzeln oder in kleinen Trupps von 1–3 Pflanzen

Stipa gigantea *

Riesen-Federgras

Poaceae (Gramineae) – **Süßgrasgewächse**

Herkunft: Iberische Halbinsel
Wuchs: Horstartig, ausladend, hohe, aufrechte Halme
Blatt: Schmallineal, ausladend, grün, wintergrün
Blüte: In lockeren Rispen, lange haftende Hüllspelzen, Grannen kahl, braun, VI–VII
Mittlere Höhe: Blatthorst 50 cm, Blüte 160 cm
Frucht: Karyopse (Grasfrucht)
Standort: Sonnig, warm, Boden durchlässig, mineralisch, mäßig trocken bis trocken
Lebensbereiche: Fr1 w / FS1 = Freiflächen wiesenähnlich, teils offen/Felssteppen
Geselligkeitsstufe: I = einzeln oder in kleinen Trupps von 1–3 Pflanzen
Besondere Hinweise: Anpassungsfähig an Boden und Standort

Stipa pennata *

Echtes Federgras

Poaceae (Gramineae) – **Süßgrasgewächse**

Herkunft: Europa, Türkei, Kaukasus, Mittelasien
Wuchs: Horstartig, Halme aufrecht bis bogig
Blatt: Schmallineal, eingerollt, überhängend, grün, wintergrün
Blüte: Rispen mit wenigen, langen, behaarten Grannen, silbrig, VI–VII
Mittlere Höhe: Blatthorst 25 cm, Blüte 50 cm
Frucht: Karyopse (Grasfrucht)
Standort: Sonnig, warm, Boden durchlässig, mineralisch, mäßig trocken bis trocken
Lebensbereiche: Fr1 w / St1, FS1 = Freiflächen wiesenähnlich, teils offen/Steinanlagen, Felssteppen
Geselligkeitsstufe: I = einzeln oder in kleinen Trupps von 1–3 Pflanzen
Besondere Hinweise: Anpassungsfähig an Boden und Standort

© Floramedia

Stipa pulcherrima (syn. *S. barbata* hort.) *

Großes Federgras

Poaceae (Gramineae) – **Süßgrasgewächse**

Herkunft: Süd- und Mitteleuropa, Westasien
Wuchs: Horstartig, Halme aufrecht bis bogig
Blatt: Schmallineal, eingerollt, überhängend, graugrün, wintergrün
Blüte: Rispen, Spelzen mit sehr langen, behaarten Grannen, elegant überhängend, silbrig weiß, VI–VII
Mittlere Höhe: Blatthorst 30 cm, Blüte 80 cm
Frucht: Karyopse (Grasfrucht)
Standort: Sonnig, warm, Boden durchlässig, kalkhaltig, steinig, trocken
Lebensbereiche: Fr1 w / St1, FS1 = Freiflächen wiesenähnlich, teils offen/Steinanlagen, Felssteppen
Geselligkeitsstufe: I = einzeln oder in kleinen Trupps von 1–3 Pflanzen
Weitere Arten und Sorten: *S. pulcherrima* f. *nudicostata* ist am meisten verbreitet, oft fälschlich als *Stipa barbata* bezeichnet

© Floramedia

Stipa tenuissima (syn. *Nassella tenuissima*) Li

Dünnblättriges Federgras

Poaceae (Gramineae) – **Süßgrasgewächse**

Herkunft: USA, Mexiko, Patagonien
Wuchs: Horstartig, dicht, Halme zahlreich, dünn
Blatt: Grasartig, dünn, fein, eingerollt, grün, wintergrün
Blüte: Rispig, sehr feine, dünne Grannen, silbrig, VI–VII
Mittlere Höhe: 40 cm
Frucht: Karyopse (Grasfrucht)
Standort: Sonnig, warm, Boden durchlässig, steinig, trocken
Lebensbereiche: Fr1 w / St1, FS1 = Freiflächen wiesenähnlich, teils offen/Steinanlagen, Felssteppen
Geselligkeitsstufe: I = einzeln oder in kleinen Trupps von 1–3 Pflanzen
Besondere Hinweise: Anpassungsfähig an Boden und Standort

© Floramedia

© Floramedia

Sumpf- und Wasserpflanzen

Natürliche Bereiche wie Teiche, Bachläufe, Ufer aber auch Wasseranlagen in Gärten, wie Wasserbecken, kleine Bachläufe oder große Kübel, lassen sich Sumpf- und Wasserpflanzen sowohl am wechselfeuchten Ufer, als auch im flachen Wasser einsetzen. Verwendung finden ebenfalls untergetauchte, am Grunde wurzelnde und frei schwimmende Pflanzen.

© Floramedia

Acorus calamus 'Variegatus' Li

Weißgestreifter Garten-Kalmus

Acoraceae – Kalmusgewächse

Herkunft: Züchtung/Auslese; Art aus Süd- und Ostasien
Wuchs: Durch verzweigte Rhizome bestandsbildend, aufrecht
Blatt: Schmal, aufrecht, grün, gelblich-weiß gestreift, aromatisch, sommergrün
Blüte: Klein, unscheinbar, Blütenstand walzenförmig bis zylindrisch, seitlich, grünlich braun, VI–VII
Mittlere Höhe: 60 cm
Frucht: Unscheinbar
Standort: Sonnig, Teich- und Bachränder, im Sumpf und im flachem Wasser, Boden anmoorig bis lehmig
Lebensbereiche: WR5 / WR4 = Flachwasserzone/Wasserrand
Geselligkeitsstufe: I–II = einzeln von 1–3 oder in kleinen Trupps von 3–5 Pflanzen
Besondere Hinweise: Auch für Pflanzenkläranlagen verwendbar
Weitere Arten und Sorten: *A. calamus*, 60 cm, Blätter (Scheinspatha) schmal, grün, *; *A. gramineus*, Grasartiger Kalmus, 20 cm, schutzbedürftige Art

© Floramedia

Alisma lanceolatum **

Lanzenblättriger Froschlöffel

Alismataceae – Froschlöffelgewächse

Herkunft: Europa, Türkei, Kaukasus, Mittelasien
Wuchs: Horstartig, gestielte Blatthorste, Triebe kahl, aufrecht
Blatt: Lanzettlich, gestielt, aus dem Wasser ragend, grün, sommergrün
Blüte: Klein, drei Perigonblätter, Blütenstand pyramidal, waagerecht abstehende, verzweigte Äste, hellrosa, VII–IX
Mittlere Höhe: 80 cm
Frucht: Nüsschen, unscheinbar
Standort: Sonnig bis halbschattig, im Sumpf- und Flachwasserbereich bis ca. 10 cm Wassertiefe, Boden anmoorig bis lehmig
Lebensbereiche: WR5 / W5 = Wasserrand, Flachwasserzone/Wasser, Blätter und Triebe über der Wasseroberfläche
Geselligkeitsstufe: I–II = einzeln von 1–3 oder in kleinen Trupps von 3–5 Pflanzen
Besondere Hinweise: Auch für Pflanzenkläranlagen verwendbar

© Floramedia

Alisma parviflora Li

Kleinblütiger Froschlöffel

Alismataceae – Froschlöffelgewächse

Herkunft: Nordamerika
Wuchs: Horstartig, gestielte Blatthorste, Triebe kahl, aufrecht
Blatt: Breitoval, zugespitzt, grün, sommergrün, spät austreibend
Blüte: Klein, drei Perigonblätter, Blütenstand pyramidal, waagerecht abstehende, verzweigte Äste, hellrosa, VII–IX
Mittlere Höhe: 50 cm
Frucht: Nüsschen, unscheinbar
Standort: Sonnig bis halbschattig, im Sumpf- und Flachwasserbereich, dauernass bis ca. 10 cm Wassertiefe, Boden anmoorig bis lehmig
Lebensbereiche: WR5 / W5 = Wasserrand, Flachwasserzone/Wasser, Blätter und Triebe über der Wasseroberfläche
Geselligkeitsstufe: I–II = einzeln von 1–3 oder in kleinen Trupps von 3–5 Pflanzen
Besondere Hinweise: Auch für Pflanzenkläranlagen verwendbar

Alisma plantago-aquatica **

Gewöhnlicher Froschlöffel

Alismataceae – Froschlöffelgewächse

Herkunft: Europa, Mittelmeergebiet, Türkei, Kaukasus, Westasien
Wuchs: Horstartig, gestielte Blatthorste, Triebe kahl, aufrecht
Blatt: Breitlanzettlich, zugespitzt, grün, sommergrün, spät austreibend
Blüte: Klein, drei Perigonblätter, Blütenstand pyramidal, waagerecht abstehende, verzweigte Äste, hellrosa, VII–IX
Mittlere Höhe: 100 cm
Frucht: Nüsschen, unscheinbar
Standort: Sonnig bis halbschattig, im Sumpf- und Flachwasserbereich, bis ca. 10 cm Wassertiefe, Boden anmoorig bis lehmig
Lebensbereiche: WR5 / W5 = Wasserrand, Flachwasserzone/Wasser, Blätter und Triebe aus dem Wasser ragend
Geselligkeitsstufe: I–II = einzeln von 1–3 oder in kleinen Trupps von 3–5 Pflanzen
Besondere Hinweise: Auch für Pflanzenkläranlagen verwendbar

© Floramedia

Aponogeton distachyos Li

Afrikanische Wasserähre

Aponogetonaceae – Wasserährengewächse

Herkunft: Südafrika
Wuchs: Bodenwurzelnde, rhizombildende Schwimmblattpflanze
Blatt: Elliptisch, auf der Wasseroberfläche schwimmend, grün, sommergrün
Blüte: Blüten sitzend, Blütenstand gabelig, schrägstehende Scheinähren, weiß, VI–X, duftend
Mittlere Höhe: Zur Blütezeit 10 cm über der Wasserfläche
Frucht: Kapsel
Standort: Sonnig, warm, im 50 bis 60 cm tiefen Wasser, Boden anmoorig bis lehmig
Lebensbereiche: W6 = Wasser, Schwimmblattpflanze
Geselligkeitsstufe: I–II = einzeln von 1–3 oder in kleinen Trupps von 3–5 Pflanzen
Besondere Hinweise: Bei Kübelpflanzung ist frostfreie Überwinterung nötig

© Floramedia

Azolla caroliniana N

Algenfarn

Azollaceae – Algenfarngewächse

Herkunft: Südliches Nordamerika bis Südamerika
Wuchs: Frei schwimmender Wasserfarn, kann innerhalb kurzer Zeit große Wasserflächen überziehen
Blatt: Wedel mehrfach gefiedert, grün, ab Spätsommer und im nährstoffarmen Wasser mehr bräunlich
Mittlere Höhe: Ragt kaum über das Wasser hinaus
Standort: Sonnig, warm, im Wasser
Lebensbereiche: W8 = Wasser, frei schwimmende Pflanze
Geselligkeitsstufe: Keine Angabe möglich
Besondere Hinweise: Bei starker Ausdehnung abfischen, um die nicht frostharte Art zu erhalten, empfiehlt sich die frostfreie Überwinterung einiger Pflanzen in Wasserschalen
Weitere Arten und Sorten: Weitere, nicht winterharte Arten: *A. filivuloides*, *A. mexicana*, *A. pinnata*

© Floramedia

© Floramedia

Butomus umbellatus **

Schwanenblume

Butomaceae – Schwanenblumengewächse

Herkunft: Europa, Asien, Nordwestafrika
Wuchs: Aufrecht, Blätter grundständig, Triebe kahl
Blatt: Grundständig, aufrecht, lineal, zugespitzt, dreikantig, grün, sommergrün
Blüte: Sechs unterschiedliche Perigonblätter, einfache Dolde, Blütenstiele verschieden lang, rosa, VII–VIII
Mittlere Höhe: 80 cm
Standort: Sonnig, im Röhricht, in Gräben und Teichen, Boden anmoorig, moorig, lehmig bis tonig, 10–20 cm Wassertiefe
Lebensbereiche: WR5 / W5 = Wasserrand, Flachwasserzone/Wasser, Blätter und Triebe über der Wasseroberfläche
Geselligkeitsstufe: I–II = einzeln von 1–3 oder in kleinen Trupps von 3–5 Pflanzen
Weitere Arten und Sorten: *Alba*, 'Rosenrot', 'Schneeweißchen'

© Floramedia

Calla palustris *

Schlangenwurz, Schweinsohr

Araceae – Aronstabgewächse

Herkunft: Nördliche Halbkugel, Europa, Asien, Nordamerika
Wuchs: Rhizom kriechend bis aufgerichtet, verzweigt, beblättert
Blatt: Herzförmig, tütenartig, zugespitzt, grün, sommergrün
Blüte: Klein, unscheinbar, Blütenstand walzenförmig, zylindrisch von einer Spatha umgeben, weiß bis gelblich, VI–VII
Mittlere Höhe: 20 cm
Frucht: Beerenfrucht, rot
Standort: Sonnig bis halbschattig, Heidemoore, Sümpfe, Uferzonen, Boden kalkfrei, anmoorig, sandig-lehmig, tonig, bis 10 cm Wassertiefe
Lebensbereiche: WR5 / W5 = Wasserrand, Flachwasserzone/Wasser, Blätter und Triebe über der Wasseroberfläche
Geselligkeitsstufe: II = in kleinen Trupps von 3–5 Pflanzen

© Floramedia

Callitriche palustris *

Wasserstern

Callitrichaceae – Wassersterngewächse

Herkunft: Europa, Asien, Alaska, Kanada
Wuchs: Triebe submers (untergetaucht), Enden mit ausgebreiteten, rosettenartigen Schwimmblättchen
Blatt: Oval bis elliptisch, grün, sommergrün
Blüte: Unscheinbar, achselständig, grünlich, VI–IX
Mittlere Höhe: 3 cm
Standort: Sonnig, stehende bis langsam fließende Gewässer, Boden anmoorig bis lehmig
Lebensbereiche: W6 / WR5 = Wasser, Schwimmblattpflanze/Wasserrand, Flachwasserzone
Geselligkeitsstufe: II–III = in kleinen Trupps von 3–5 bis zu größeren Gruppen von 10–20 Pflanzen
Besondere Hinweise: Überwintert nur in mindestens 50 cm Wassertiefe

Caltha palustris **

Sumpf-Dotterblume

Ranunculaceae – Hahnenfußgewächse

Herkunft: Europa bis Kleinasien, Nordamerika, Kanada
Wuchs: Horstartig, kissenartig, Triebe aufrecht, beblättert
Blatt: Rundlich, gestielt, bis zum Stiel eingeschnitten, grundständig, grün
Blüte: Schalenförmig, Blütenstand ästig verzweigt, tiefgelb, IV–V
Mittlere Höhe: 30 cm
Frucht: Balgfrucht
Standort: Sonnig, Boden sauer bis neutral, anmoorig, lehmig, sandig-humos
Lebensbereiche: WR4–5 / Fr3–4 = Wasserrand feucht bis dauernass/Freiflächen wiesenähnlich, feucht bis dauernass
Geselligkeitsstufe: I–II = einzeln von 1–3 oder in kleinen Trupps von 3–5 Pflanzen
Besondere Hinweise: Bach- und Teichränder, Feuchtwiesen, Bruchwälder, in Wasseranlagen vielfältig verwendbar
Weitere Arten und Sorten: Wenig verbreitete Sorten sind 'Auenwald', 'Goldschale', 'Richard Maatsch'. *C. palustris* var. *alba*, Blüten weiß; *C. polysepala* mit ca. acht Sepalen und der großblütigen Sorte 'Tyermanii'

© Floramedia

Carex acuta (syn. *C. gracilis*) *

Schlanke Segge

Cyperaceae – Sauergrasgewächse, Zypergrasgewächse

Herkunft: Europa, Kaukasus, Sibirien
Wuchs: Stark ausläuferbildend, Blätter bogig, Halme aufrecht, dreikantig
Blatt: Grundständig, schmal, riemen- bis bandförmig, spitz, grün, sommergrün
Blüte: Blütenstand mit mehreren gebogenen, nickenden Ähren, Deckblatt schwarzbraun, grün, V–VI
Mittlere Höhe: 80 cm
Standort: Sonnig bis halbschattig, Verladungszonen, in stehenden und langsam fließenden Gewässern, an den Boden anpassungsfähig, bis 10 cm Wassertiefe
Lebensbereiche: WR4 / WR5 = Wasserrand, feucht bis dauernass/Wasserrand, Flachwasserzone
Geselligkeitsstufe: III–IV = in größeren Gruppen von 10–20 Pflanzen, vorwiegend flächig
Besondere Hinweise: Zur Uferbefestigung in der Landschaft, Renaturierung, als Repositionspflanzen, für Gärten nicht geeignet

© Floramedia

Carex acutiformis N

Sumpf-Segge

Cyperaceae – Sauergrasgewächse, Zypergrasgewächse

Herkunft: Europa, Kaukasus, Sibirien, Zentralasien
Wuchs: Durch Ausläufer große Horste bildend, Blätter aufrecht bis bogig, Halme beblättert, aufrecht, dreikantig
Blatt: Grundständig, schmal, riemen- bis bandförmig, spitz, bläulich grün, sommergrün
Blüte: Blütenstand in männlich und weiblich getrennten aufrechten Ähren, dunkelbraun, V–VI
Mittlere Höhe: 90 cm
Standort: Sonnig bis halbschattig, Verladungszonen, in stehenden und langsam fließenden Gewässern, an den Boden anpassungsfähig, bis 10 cm Wassertiefe
Lebensbereiche: WR4 / WR5 = Wasserrand, feucht bis dauernass/Flachwasser
Geselligkeitsstufe: III–IV = in größeren Gruppen von 10–20 Pflanzen, vorwiegend flächig
Besondere Hinweise: Uferpflanzungen, Uferbefestigungen in der Landschaft, Repositionspflanze, für Gärten nicht geeignet

© Floramedia

Carex elata *

Steife Segge

Cyperaceae – Sauergrasgewächse, Zypergrasgewächse

Herkunft: Europa, Kaukasus
Wuchs: Durch Ausläufer große Horste bildend, Blätter aufrecht bis bogig, Halme beblättert, aufrecht, dreikantig
Blatt: Grundständig, schmallineal, spitz, grün, sommergrün
Blüte: Blütenstand in männlich und weiblich getrennten, aufrechten, grünen Ähren, Deckspelzen schwarzbraun, V–VI
Mittlere Höhe: 80 cm
Standort: Sonnig bis halbschattig, Ufer, Sumpfwiesen, Flachmoore, Gräben, an den Boden anpassungsfähig
Lebensbereiche: Fr3–4 w / WR3–4 = Freiflächen wiesenähnlich/Wasserrand
Geselligkeitsstufe: III–IV = in größeren Gruppen von 10–20 Pflanzen, vorwiegend flächig
Besondere Hinweise: Uferpflanzungen, Uferbefestigungen in der Landschaft, Repositionspflanze, für Gärten nicht geeignet

Carex pseudocyperus *

Scheinzypergras-Segge

Cyperaceae – Sauergrasgewächse, Zypergrasgewächse

Herkunft: Nördliche Halbkugel, Europa, Kaukasus, Sibirien, Asien, Nordamerika, Kanada, USA
Wuchs: Locker horstartig, Halme beblättert, aufrecht, rau, dreikantig
Blatt: Grundständig, schmallineal, riemenförmig, spitz, hellgrün, sommergrün
Blüte: Blütenstand mit mehreren gebogenen, nickenden Ähren, grün, V–VI
Mittlere Höhe: 70 cm
Standort: Sonnig, bis halbschattig, Ufer, Sumpfwiesen, Flachmoore, Gräben, Boden anmoorig, sandig-lehmig, 5 cm Wassertiefe
Lebensbereiche: WR4 / WR5 = Wasserrand, feucht bis dauernass/Wasserrand, Flachwasserzone
Geselligkeitsstufe: III–IV = in größeren Gruppen von 10–20 Pflanzen, vorwiegend flächig
Besondere Hinweise: Uferpflanzungen, Uferbefestigungen in der Landschaft, Repositionspflanze, für Gärten nicht geeignet

Carex riparia N

Ufer-Segge

Cyperaceae – Sauergrasgewächse, Zypergrasgewächse

Herkunft: Europa, Sibirien, Zentralasien
Wuchs: Durch Ausläufer große Horste bildend, Blätter aufrecht bis bogig, Halme beblättert, aufrecht, dreikantig
Blatt: Grundständig, schmal, riemen- bis bandförmig, spitz, bläulich grün, sommergrün
Blüte: Blütenstand rispig, mit mehreren aufrechten, schwärzlichen Rispenästen, zur Reifezeit nickend
Mittlere Höhe: 80 cm
Standort: Sonnig bis halbschattig, Verlandungszonen, in stehenden und langsam fließenden Gewässern, an den Boden anpassungsfähig, bis 10 cm Wassertiefe
Lebensbereiche: WR4 / WR5 = Wasserrand, feucht bis dauernass / Wasserrand, Flachwasserzone
Geselligkeitsstufe: III–IV = in größeren Gruppen von 10–20 Pflanzen, vorwiegend flächig
Besondere Hinweise: Für Gärten nur bedingt geeignet

Ceratophyllum demersum *

Hornblatt

Ceratophyllaceae – **Hornblattgewächse**

Herkunft: Kosmopolit

Wuchs: Stark gegliederte, frei schwimmende und wurzellose Unterwasserpflanze

Blatt: Nadelförmig, doppelt gegabelt, in etagenförmigen Quirlen übereinander, grün

Blüte: Unscheinbar

Standort: Stehende Gewässer, in 20 cm bis 200 cm tiefem Wasser

Lebensbereiche: W7 = Wasser, untergetauchte Pflanze

Geselligkeitsstufe: Keine Angabe möglich

Besondere Hinweise: Wichtiger Sauerstoffproduzent, Nährstoffkonkurrent von Algen im Teich und Wasserbecken

© Floramedia

Crassula recurva *

Nadelkraut

Crassulaceae – **Dickblattgewächse**

Herkunft: Südafrika

Wuchs: Schnellwüchsige, reich gegliederte, am Grunde wurzelnde Unterwasserpflanze

Blatt: Nadelartig, kreuzgegenständig an den Trieben angeordnet, grün

Blüte: Weißlich, unscheinbar

Mittlere Höhe: Breitet sich unter der Wasseroberfläche aus

Standort: Nur in über 30–50 cm tiefem Wasser ausdauernd

Lebensbereiche: W7 = Wasser, untergetauchte Pflanze

Geselligkeitsstufe: Keine Angabe möglich

Besondere Hinweise: Frostfrei überwintern, nur in 30–50 cm Wassertiefe ausdauernd, Sauerstoffproduzent für große Teiche

© Floramedia

Cyperus longus Li

Langes Zypergras

Cyperaceae – **Sauergrasgewächse, Zypergrasgewächse**

Herkunft: Südeuropa, Kaukasus, Zentralasien, Indien, Afrika, Westaustralien

Wuchs: Horstartig bis ausläuferbildend, Halme aufrecht, beblättert, dreikantig

Blatt: Grundständig, schmal, bogig überhängend, zugespitzt, grün

Blüte: Blütenstand endständig, spirreartig verzweigt, von Hochblättern überragt, rotbraun, VII–IX

Mittlere Höhe: 80 cm

Standort: Sonnige Ufer, Sümpfe, Sumpfwiesen, Boden anmoorig, moorig, sandiglehmig bis tonig, bis 20 cm Wassertiefe

Lebensbereiche: WR4 / Fr4 = Wasserrand, feucht bis dauernass/Freiflächen wiesenähnlich, feucht bis dauernass

Geselligkeitsstufe: I–II = einzeln von 1–3 oder in kleinen Trupps von 3–5 Pflanzen

Besondere Hinweise: In rauen Lagen eventuell nicht genügend winterhart, eher unscheinbar

© Floramedia

© Floramedia

Eichhornia crassipes N

Wasserhyazinthe

Pontederiaceae – Hechtkrautgewächse

Herkunft: Tropisches und subtropisches Amerika
Wuchs: Schwimmpflanze mit ballonartig aufgeblasenen Blattstielen, bildet reichlich Tochterrosetten
Blatt: Rundlich, fleischig derb, gebogene Blattspreiten, grün
Blüte: Groß, asymmetrisch, ausgebreitet, in dichten Trauben, hellviolett, VIII–IX
Mittlere Höhe: 15 cm über der Wasseroberfläche
Standort: Sonnig, warm, nährstoffreich, über tieferem Wasser frei schwimmend
Lebensbereiche: W8 = Wasser, frei schwimmende Pflanze
Gesellligkeitsstufe: I–III = einzeln von 1–3 bis zu größeren Gruppen von 10–20 Pflanzen
Besondere Hinweise: Nicht frosthart, helle Überwinterung bei Temperaturen von 10–15 °C notwendig, um Pflanzen zu erhalten, Ausdehnung überwachen, auch im temperierten Wintergarten

© Floramedia

Eleocharis acicularis *

Nadel-Sumpfsimse

Cyperaceae – Sauergrasgewächse, Zypergrasgewächse

Herkunft: Europa und nahezu weltweit verbreitet
Wuchs: Ausläuferbildend, an den Nodien wurzelnd und austreibend, flächig, rasenartig
Blatt: Spreite röhrenförmig bis scheidenartig ohne übliche Blätter, grün
Blüte: An den Enden der fertilen Halme spindelartige, unscheinbare, spitze Ähren, weißlich, VI–VIII
Mittlere Höhe: 15 cm
Standort: Sonnig, feinsandige Ufer- und Flachwasserzonen, auch submers, Boden lehmig, sandig, humos, 5–20 cm Wassertiefe
Lebensbereiche: W7 / WR5 = Wasser, untergetauchte Pflanze/Wasserrand, Flachwasserzone
Geselligkeitsstufe: III–IV = in größeren Gruppen von 10–20 Pflanzen, vorwiegend flächig
Besondere Hinweise: Für kleine Wasseranlagen nicht geeignet

© Floramedia

Eleocharis palustris *

Gewöhnliche Sumpfsimse, Sumpfried

Cyperaceae – Sauergrasgewächse, Zypergrasgewächse

Herkunft: Europa und nördliche Halbkugel
Wuchs: Im Schlamm kriechende Ausläufer, an den Nodien wurzelnd und austreibend, bestandsbildend
Blatt: Scheidenartig, flach, gerillt, aufrecht, grün
Blüte: Endständige kleine, unscheinbare Ähre, braun, V–VII
Mittlere Höhe: 30 cm
Standort: Sonnig, Sumpfwiesen, Ufer, Boden anmoorig, sandig-lehmig, bis ca. 20 cm Wassertiefe
Lebensbereiche: WR5 / W5 = Wasserrand, Flachwasserzone/Wasser, Blätter und Triebe über der Wasserobefläche
Geselligkeitsstufe: III–IV = in größeren Gruppen von 10–20 Pflanzen, vorwiegend flächig
Besondere Hinweise: Für kleine Wasseranlagen nicht geeignet

Elodea canadensis N

Kanadische Wasserpest

Hydrocharitaceae – Wasserlinsengewächse

Herkunft: USA, Kanada
Wuchs: Reichverzweigte Unterwasserpflanze, stark ausbreitend
Blatt: Jeweils zu dreien, quirlständig, grün
Blüte: Einzelne Blüten nur bei Wärme, kurz über der Wasseroberfläche, weiß, V–VIII
Standort: Stehende bis kaum fließende Gewässer, 20–200 cm Wasserteife
Lebensbereiche: W7 = Wasser, untergetauchte Pflanze
Geselligkeitsstufe: Keine Angabe möglich
Besondere Hinweise: Für kleine Wasseranlagen nicht geeignet

© Floramedia

Equisetum hyemale N

Winter-Schachtelhalm

Equisetaceae – Schachtelhalmgewächse

Herkunft: Gemäßigte Zone der nördlichen Halbkugel
Wuchs: Stark ausläuferbildend, fertile und sterile Triebe kahl, straffaufrecht, kantig, gestreift
Blatt: Unscheinbar
Blüte: Spitze mit Sporangienähre
Mittlere Höhe: 100 cm
Standort: Sonnig bis halbschattig, wechselfeuchte, wasserzügige, sickerfeuchte Stellen, Wiesen bis lichte Wälder, Boden humos, lehmig
Lebensbereiche: Fr2–3 w / GR2–3, G2–3, WR4 = Freiflächen wiesenähnlich/Gehölzrand, Gehölz, Wasserrand, feucht
Geselligkeitsstufe: Keine Angabe möglich
Besondere Hinweise: In freier Landschaft, im Wassergarten/Gartenteich nur in geschlossenen Kübeln
Weitere Arten und Sorten: Weitere *Equisetum*-Arten nur nach sorgfältiger Überlegung im Garten verwenden

© Floramedia

Equisetum palustre N

Sumpf-Schachtelhalm

Equisetaceae – Schachtelhalmgewächse

Herkunft: Gemäßigte Zone der nördlichen Halbkugel
Wuchs: Stark ausläuferbildend, fertile und sterile Triebe, nicht verzweigt, quirlästig
Blatt: Unscheinbar
Blüte: Spitze mit stumpfer Sporangienähre
Mittlere Höhe: 40 cm
Standort: Sonnig, Sumpf- und Moorwiesen, Gräben, Boden anmoorig, sandig-lehmig, sumpfig bis 20 cm Wassertiefe
Lebensbereiche: Fr3–4 w / WR4 = Freiflächen wiesenähnlich/Wasserrand, auch wechselfeucht
Geselligkeitsstufe: Keine Angabe möglich
Besondere Hinweise: In freier Landschaft, im Wassergarten/Gartenteich nur in geschlossenen Kübeln
Weitere Arten und Sorten: *E. scirpoides*, Zwerg-Schachtelhalm, 20 cm, bildet ebenfalls Ausläufer, in kleineren Anlagen nur in Kübeln oder abgegrenzten Arealen pflanzen, Li

© H. Götz

© H. Götz

Eriophorum angustifolium *

Schmalblättriges Wollgras

Cyperaceae – Sauergrasgewächse, Zypergrasgewächse

Herkunft: Gemäßigte Zone der nördlichen Halbkugel
Wuchs: Stark ausläuferbildend, Halme aufrecht, rund, kahl
Blatt: Grundständig, rinnig, grasartig, spitz, grün
Blüte: Wenige endständige Ähren, meist unterschiedlich lang, hängend, weiß, IV–VI
Mittlere Höhe: 30 cm
Standort: Sonnig, Flach- und Quellmoore, kalkfrei, Boden anmoorig, lehmig bis tonig, bis 10 cm Wassertiefe
Lebensbereiche: WR4 / Fr4 w = Wasserrand, feucht bis dauernass/Freiflächen wiesenähnlich, wechselfeucht
Geselligkeitsstufe: III–IV = in größeren Gruppen von 10–20 Pflanzen, vorwiegend flächig
Besondere Hinweise: Für kleine Wasseranlagen nicht geeignet

© Floramedia

Eriophorum latifolium **

Breitblättriges Wollgras

Cyperaceae – Sauergrasgewächse, Zypergrasgewächse

Herkunft: Gemäßigte Zone der nördlichen Halbkugel
Wuchs: Horstartig bis locker horstartig, Halme aufrecht, kaum beblättert
Blatt: Grundständig, rinnig, grasartig, spitz, grün
Blüte: Wenige, dicht stehende, endständige Ähren, weiß, IV–VI
Mittlere Höhe: 40 cm
Standort: Sonnig, Flach- und Quellmoore, kalkfrei, Boden anmoorig, lehmig bis tonig, bis 10 cm Wassertiefe
Lebensbereiche: WR4 / Fr4 w = Wasserrand, feucht bis dauernass/Freiflächen wiesenähnlich, wechselfeucht
Geselligkeitsstufe: II = in kleinen Trupps von 3–5 Pflanzen

© Floramedia

Eriophorum vaginatum *

Scheiden-Wollgras

Cyperaceae – Sauergrasgewächse, Zypergrasgewächse

Herkunft: Gemäßigte Zone der nördlichen Halbkugel
Wuchs: Horstartig, Halme aufrecht, scheidig beblättert
Blatt: Grundständig, grasartig, borstig, spitz, grün
Blüte: Einzelne, endständige Ähre, silbrig weiß, VI–VIII
Mittlere Höhe: 40 cm
Standort: Sonnig, Kiefern- und Birkenmoore, Torfmoore, Boden sauer, nährstoffarm, moorig bis torfig, bis 10 cm Wassertiefe
Lebensbereiche: WR3–4 / Fr3–4, H3 = Wasserrand/Freiflächen, Heide, feucht bis dauernass
Geselligkeitsstufe: I–II = einzeln von 1–3 oder in kleinen Trupps von 3–5 Pflanzen
Besondere Hinweise: Nasse Moorbeete, auch für kleinere Anlagen möglich, nicht wuchernd
Weitere Arten und Sorten: 'Heidekind', 30 cm, Blüten grauweiß, Li

Euphorbia palustris **

Sumpf-Wolfsmilch

Euphorbiaceae – Wolfsmilchgewächse

Herkunft: Europa, Kaukasus, Sibirien
Wuchs: Horstartig, Triebe aufrecht mit vielen nicht blühenden Ästen
Blatt: Wechselständig, lanzettlich, abgerundet, grün
Blüte: Blütenstand vielstrahlig, doldig, Hochblätter nicht verwachsen, Blüten klein, unscheinbar, gelb, V–VI
Mittlere Höhe: 100 cm
Standort: Sonnig, Feucht- bis Moorwiesen, Gräben, Weidengebüschränder, Boden anmoorig, lehmig bis sumpfig-humos
Lebensbereiche: WR4 / Fr2–3 w = Wasserrand, feucht bis dauernass/Freiflächen wiesenähnlich, frisch bis feucht
Geselligkeitsstufe: I = einzeln oder in kleinen Trupps von 1–3 Pflanzen
Weitere Arten und Sorten: Noch nicht sehr verbreitete Sorten sind 'Teichlaterne', 60 cm, **; 'Walenburg's Glorie', 100 cm, ***

© Floramedia

Hippuris vulgaris **

Gewöhnlicher Tannenwedel

Hippuridaceae – Tannenwedelgewächse

Herkunft: Gemäßigte Zone der nördlichen Halbkugel
Wuchs: Ausläuferbildend, Triebe teils submers oder straffaufrecht aus dem Wasser ragend
Blatt: Quirlartig bis wirtelig, nadelartig, lineal, grün
Blüte: Klein, unscheinbar in den Blattachseln, V–VIII
Mittlere Höhe: 30 cm
Standort: Sonnig, am Wasser- und Uferrand, in stehenden bis langsam fließenden Gewässern, Boden anmoorig, schlammig, sandig-humos, 15–30 cm und mehr Wassertiefe
Lebensbereiche: WR5 / W7 = Wasserrand, Flachwasserzone/Wasser, untergetauchte Pflanze
Geselligkeitsstufe: II = in kleinen Trupps von 3–5 Pflanzen
Besondere Hinweise: In kleineren Wassergärten Ausbreitung überwachen, Gefäßpflanzung ratsam

© Floramedia

Hottonia palustris Li

Wasserfeder

Primulaceae – Primelgewächse

Herkunft: Europa
Wuchs: Verzweigt, ausgebreitet, im Schlamm wurzelnd, submers
Blatt: Untergetaucht, fiederschnittig, wechselständig, an den Triebspitzen fast rosettig, grün
Blüte: Blütenstand kurz über der Wasseroberfläche, klein, quirlartig angeordnet, ausgebreitete Kronzipfel, weiß, V–VII
Standort: Sonnig, am Wasser- und Uferrand, in stehenden bis langsam fließenden Gewässern, Boden anmoorig, schlammig, 5 cm und mehr Wassertiefe
Lebensbereiche: WR5 / W7 = Wasserrand, Flachwasserzone/Wasser, untergetauchte Pflanze
Geselligkeitsstufe: II = in kleinen Trupps von 3–5 Pflanzen

© Floramedia

© Floramedia

Hydrocharis morsus-ranae *

Froschbiss

Hydrocharitaceae – Froschbissgewächse

Herkunft: Europa, Westsibirien
Wuchs: Frei schwimmend, über Ausläufer bilden sich an den Nodien neue Pflanzen
Blatt: Schwimmblätter rundlich bis nierenförmig, eingeschnitten, rosettig angeordnet, grün
Blüte: Blüten einzeln, mit drei rundlichen Kronblättern, weiß, VI–VIII
Standort: Sonnig, stehende, tiefe, Gewässer, in Buchten, nährstoffreich
Lebensbereiche: W8 = Wasser, frei schwimmende Pflanze
Geselligkeitsstufe: III = in größeren Gruppen von 10–20 Pflanzen
Besondere Hinweise: Bei stärkerer Vermehrung lassen sich die Pflanzen leicht abfischen

© Floramedia

Iris laevigata *

Asiatische Sumpf-Schwertlilie, Bartlose Schwertlilie

Iridaceae – Schwertliliengewächse

Herkunft: China, Japan, Korea, Mandschurei, Ostsibirien
Wuchs: Horstartig, Blatthorst grundständig, Triebe aufrecht, beblättert
Blatt: Schmallineal, spitz zulaufend, triebumfassend, grün, sommergrün
Blüte: Blüten einzeln bis mehrere, endständig, zweikreisig, Dom- und Hängeblätter, blauviolett, VI–VII
Mittlere Höhe: 60 cm
Frucht: Kapsel
Standort: Sonnig, Boden, anmoorig, lehmig-sandig, humos
Lebensbereiche: WR4–5 / Fr3–4 w = Wasserrand bis Flachwasserzone/Freiflächen wiesenähnlich, feucht bis dauernass
Geselligkeitsstufe: I–II = einzeln von 1–3 oder in kleinen Trupps von 3–5 Pflanzen
Besondere Hinweise: Ufer, Flachwasser, Gräben, Nasswiesen
Weitere Arten und Sorten: 'Alba', 70 cm, Blüten weiß; 'Monstrosa', 70 cm, Domblätter weiß, Hängeblätter violettblau mit weißem Rand; 'Rose Queen', 70 cm, rosa, fein geadert; 'Variegata', Blätter grün, weiß, Blüte blauviolett

© Floramedia

Iris pseudacorus **

Wasser-Schwertlilie, Sumpf-Schwertlilie

Iridaceae – Schwertliliengewächse

Herkunft: Europa bis Sibirien
Wuchs: Horstartig bis rhizombildend, Triebe aufrecht, beblättert
Blatt: Schmallineal, spitz zulaufend, triebumfassend, grün, sommergrün
Blüte: Blüten einzeln, Blütenstand gabelästig verzweigt, gelb, VI–VII
Mittlere Höhe: 70 cm
Frucht: Kapsel
Standort: Sonnig bis halbschattig, Boden anmoorig, lehmig-sandig, humos, nährstoffreich
Lebensbereiche: WR5 / W5 = Wasserrand, Flachwasserzone
Geselligkeitsstufe: I–II = einzeln von 1–3 oder in kleinen Trupps von 3–5 Pflanzen
Besondere Hinweise: Ufer, Röhricht, Gräben anpassungsfähig an frischen bis feuchten Gartenboden, alte Heil- und Medizinpflanze
Weitere Arten und Sorten: 'Berlin Tiger', 100 cm, Blüte gelb, Hängeblätter braun gezeichnet; 'Beuron', 110 cm, tiefgelb; 'Donau', 120 cm, großblütig, braun gestrichelt, 'Roy Davidson', 100 cm, tiefgelb, mit braunem Fleck

Iris versicolor *

Verschiedenfarbige Sumpf-Schwertlilie

Iridaceae – Schwertliliengewächse

Herkunft: Kanada

Wuchs: Horstartig, Blatthorst grundständig, Triebe aufrecht, beblättert

Blatt: Schmallineal, spitz zulaufend, Triebe umfassend, grün, sommergrün

Blüte: Blüten einzeln bis mehrere, endständig, zweikreisig, Dom- und Hängeblätter, dunkelviolett, VI–VII

Mittlere Höhe: 70 cm

Frucht: Kapsel

Standort: Sonnig, Boden anmoorig, lehmig-sandig, humos

Lebensbereiche: WR4–5 / Fr3 = Wasserrand bis Flachwasserzone/Freiflächen wiesenähnlich, feucht

Geselligkeitsstufe: I–II = einzeln von 1–3 oder in kleinen Trupps von 3–5 Pflanzen

Besondere Hinweise: See- und Flussufer, Flachwasser, Gräben, Nasswiese, Gehölzsäume

Weitere Arten und Sorten: 'Kermesina', 70 cm, Blüte rotpurpurn; 'Rosea', 70 cm, violettrosa; viele weitere Sorten im Fachhandel

© Floramedia

Juncus effusus N

Flatter-Binse

Juncaceae – Binsengewächse, Hainsimsengewächse

Herkunft: Europa, Türkei

Wuchs: Horstartig, Halme mit aufgerichtetem Hochblatt, röhrenförmig, rund

Blatt: Als röhrige Halme ausgebildet

Blüte: Blütenstand im oberen Bereich der fertilen Halme, seitenständig, spirreartig, unscheinbar, gelbbraun, VII–VIII

Mittlere Höhe: 70 cm

Standort: Sonnig, feuchte Wiesen, Weiden, Waldschläge, Boden anmoorig, humos, lehmig

Lebensbereiche: WR4 / Fr3 = Wasserrand, feucht bis dauernass/Freiflächen wiesenähnlich, feucht

Geselligkeitsstufe: I–II = einzeln von 1–3 oder in kleinen Trupps von 3–5 Pflanzen

Besondere Hinweise: Für naturnahe Verwendung, in kleineren Wassergärten wenig attraktiv

Weitere Arten und Sorten: *J. compressus*, Platthalm-Binse, 40 cm, *; *J. maritimus*, Strand-Binse, 80 cm, *

© Floramedia

Juncus effusus 'Spiralis' Li

Garten-Korkenzieher-Binse

Juncaceae – Binsengewächse, Hainsimsengewächse

Herkunft: Züchtung/Auslese; Art aus Europa, Türkei

Wuchs: Horstartig, buschig, Halme stark korkenzieherartig gedreht

Blatt: Als röhrige Halme ausgebildet

Blüte: Unscheinbar

Mittlere Höhe: 50 cm

Standort: Sonnig, Boden lehmig, humos, nährstoffreich, kalkarm

Lebensbereiche: WR4 / Fr3 = Wasserrand, feucht bis dauernass/Freiflächen wiesenähnlich, feucht

Geselligkeitsstufe: I–II = einzeln von 1–3 oder in kleinen Trupps von 3–5 Pflanzen

Weitere Arten und Sorten: *J. ensifolius*, Zwerg-Binse, Heimat Nordamerika, 20 cm, Wuchs rasenartig, Blatt flach, lineal, zugespitzt, Blüten büschelig, knäuelartig, schwarzbraun, VII–IX

© Floramedia

© Floramedia

Juncus inflexus *

Blaugrüne Binse

Juncaceae – Binsengewächse, Hainsimsengewächse

Herkunft: Eurasien

Wuchs: Horstartig, fertile und sterile Halme gerillt, aufrecht bis nach außen gebogen

Blatt: Als röhrige Halme ausgebildet, graugrün

Blüte: Blütenstand im oberen Bereich der fertilen Halme, seitenständig, spirreartig, unscheinbar, bräunlich, VII–VIII

Mittlere Höhe: 70 cm

Standort: Sonnig, Trittweiden, Flachmoore, Waldschläge, Boden lehmig-humos

Lebensbereiche: Fr3 w / WR4 = Freiflächen wiesenähnlich/Wasserrand

Geselligkeitsstufe: I = einzeln oder in kleinen Trupps von 1–3 Pflanzen

Besondere Hinweise: Für kleine Wassergärten wenig attraktiv

© Floramedia

Lysichiton americanus Li

Amerikanische Scheinkalla

Araceae – Aronstabgewächse

Herkunft: Alaska bis Nordkalifornien

Wuchs: Horstartig, Rhizome kurz, beblättert

Blatt: Groß, gestielt, elliptisch, zugespitzt, dunkelgrün

Blüte: Blüten vor dem Blattaustrieb, in grünlichem Kolben, von auffälliger Spatha (Hochblatt) umhüllt, gelb, IV–V

Mittlere Höhe: Zur Blütezeit 30 cm, später bis 80 cm

Standort: Sonnig bis halbschattig, warm, Boden nährstoffreich, kalkarm, lehmig, feucht bis nass, auch kurzzeitig überschwemmt

Lebensbereiche: WR4 = Wasserrand feucht bis dauernass

Geselligkeitsstufe: I = einzeln oder in kleinen Trupps von 1–3 Pflanzen

Besondere Hinweise: Etabliert sich langsam, Blüten spätfrostgefährdet, Winterschutz ratsam

Weitere Arten und Sorten: *L. camtschatcensis*, Heimat Ostasien, Scheinkalla, Spatha weiß, V–VI, Li

© Floramedia

Lysimachia thyrsiflora *

Straußblütiger Gilbweiderich

Primulaceae – Primelgewächse

Herkunft: Europa und fast weltweit verbreitet

Wuchs: Ausläuferbildend, Triebe aufrecht, beblättert

Blatt: Schmallanzettlich gegenständig, grün, sommergrün

Blüte: Klein fünf- bis sechszipfelig, in achselständigen Trauben, gelb, V–VII

Mittlere Höhe: 50 cm

Standort: Sonnig bis halbschattig, Ufer langsam fließender Gewässer, Sümpfe, Gräben, Boden anmoorig, humos, sandig-lehmig, feucht bis ca. 10 cm Wassertiefe

Lebensbereiche: WR4 = Wasserrand feucht bis dauernass

Geselligkeitsstufe: II = in kleinen Trupps von 3–5 Pflanzen

Besondere Hinweise: Im Wassergarten, Teiche und Becken bis ca. 10 cm Wassertiefe, trotz Ausläuferbildung auch für mittelgroße Anlagen geeignet, nicht verdrängend

Mentha aquatica *

Wasser-Minze

Lamiaceae (Labiatae) – **Lippenblütlergewächse**

Herkunft: Europa, Mediterrangebiet, Teile Asien
Wuchs: Ausläuferbildend, Triebe aufrecht, beblättert
Blatt: Breitlanzettlich, gegenständig, stark aromatisch, hellgrün, sommergrün
Blüte: Zweilippig, endständig, quirlartig bis kopfig, blassviolett, VII–X
Mittlere Höhe: 50 cm
Standort: Sonnig bis halbschattig, Ufer, Gräben, Moorwiesen, Bruchwälder, Boden modrig-humos, sauer, feucht bis 10 cm Wassertiefe
Lebensbereiche: WR4–5 / Fr4 = Wasserrand bis Flachwasserzone/Freiflächen wiesenähnlich, feucht bis dauernass
Geselligkeitsstufe: I–II = einzeln von 1–3 oder in kleinen Trupps von 3–5 Pflanzen
Besondere Hinweise: Im Wassergarten Ausbreitung beachten, Duft- und Heilpflanze

© Floramedia

Menyanthes trifoliata **

Fieberklee

Menyanthaceae – **Fieberkleegewächse**

Herkunft: Gemäßigte Zone der nördlichen Halbkugel
Wuchs: Rhizom lang kriechend, beblättert, an den Nodien wurzelnd, Sitze aufgerichtet
Blatt: Langgestielt, dreiteilig, Segmente oval, dunkelgrün, sommergrün
Blüte: Kurztriebig, traubig, kurze Röhre mit meist fünf ausgebreiteten Kronblättern, Knospen rosa, Blüten weiß, V–VI
Mittlere Höhe: 20 cm
Standort: Flachmoore, Verlandungszonen, Ufer, Sümpfe, Flachwasser, Gräben, wechselnass bis 20 cm Wassertiefe
Lebensbereiche: WR4–5 / Fr4 = Wasserrand bis Flachwasserzone/Freiflächen wiesenähnlich, feucht bis dauernass
Geselligkeitsstufe: II = in kleinen Trupps von 3–5 Pflanzen
Besondere Hinweise: Trotz Ausläuferbildung auch in kleinen Teichanlagen zu verwenden, kaum verdrängend und leicht zu entfernen, Heilpflanze

© Floramedia

Mimulus luteus *

Gelbblühende Gauklerblume

Scrophulariaceae – **Braunwurzgewächse (Rachenblütler)**

Herkunft: Chile
Wuchs: Horstartig, lockerbuschig, Triebe niederliegend bis aufgerichtet
Blatt: Rundlich, oval bis eiförmig, grün
Blüte: Zweilippig, traubig, end- und achselständig, gelb, V–VIII
Mittlere Höhe: 40 cm
Standort: Sonnig bis halbschattig, warm, Ufer, Gräben, Boden nährstoffreich, feucht bis ca. 10 cm Wassertiefe
Lebensbereiche: WR4 / Fr3–4 w = Wasserrand, feucht bis dauernass/Freiflächen wiesenähnlich, feucht bis dauernass
Geselligkeitsstufe: II = in kleinen Trupps von 3–5 Pflanzen
Besondere Hinweise: Kurzlebig, erhält sich durch Selbstaussaat
Weitere Arten und Sorten: *M. cardinalis*, 50 cm, Blüten leuchtend rot, oft kurzlebig, Winterschutz empfehlenswert, Li

© Floramedia

Mimulus ringens Li

Offene Gauklerblume

Scrophulariaceae – Braunwurzgewächse (Rachenblütler)

Herkunft: Nordamerika, Kanada

Wuchs: Horstartig, Triebe aufrecht, beblättert

Blatt: Lanzettlich, grün sommergrün

Blüte: Einzel bis traubig, achselständig, rachenförmig, hellblauviolett, VI–VIII

Mittlere Höhe: 70 cm

Frucht: Kapsel

Standort: Sonnig, Boden sauer bis neutral, anmoorig, lehmig, sandig-humos, sumpfig bis 10 cm Wassertiefe

Lebensbereiche: WR4–5 / Fr3–4 w = Wasserrand bis Flachwasserzone/Freiflächen wiesenähnlich, feucht bis dauernass

Geselligkeitsstufe: II = in kleinen Trupps von 3–5 Pflanzen

Besondere Hinweise: Ufer, Flachwasser, Gräben

Myosotis palustris 'Ice Pearl' *

Sumpf-Vergissmeinnicht

Boraginaceae – Raublattgewächse (Boretschgewächse)

Herkunft: Europa, Türkei, Kaukasus, Sibirien

Wuchs: Horstartig, an den Trieben wurzelnd, aufgerichtet

Blatt: Oval bis elliptisch, behaart, wechselständig, sitzend, grün, wintergrün

Blüte: Klein , fünf rundliche Kronblätter, Blütenstand wickeltraubig, weiß, V–VIII

Mittlere Höhe: 30 cm

Standort: Sonnig bis halbschattig, warm, Ufer, Gräben, Boden nährstoffreich, feucht bis dauernass

Lebensbereiche: WR3–4 / Fr3–4 w = Wasserrand/Freiflächen wiesenähnlich, feucht bis dauernass

Geselligkeitsstufe: II = in kleinen Trupps von 3–5 Pflanzen

Weitere Arten und Sorten: *Myosotis palustris*, 30 cm, Blüten hellblau; 'Thüringen', 30 cm, Blüten tiefblau

Nuphar lutea **

Mummel, Teichrose

Nymphaeaceae – Seerosengewächse

Herkunft: Eurasien

Wuchs: Dickes Rhizom im Boden wurzelnd, Schwimmblätter langgestielt

Blatt: Teils submers meist schwimmblättrig, rundlich bis herzförmig, bis zum Blattstiel eingeschnitten, grün, sommergrün

Blüte: Einzeln, langgestielt, kurz über der Wasseroberfläche stehend, gelb, VI–VIII

Mittlere Höhe:

Standort: Sonnig bis halbschattig, in stehenden oder langsam fließenden Gewässern, in Buchten, Boden sumpfig, moorig, sauer, ab 80 cm Wassertiefe

Lebensbereiche: W6 = Wasser, Schwimmblattpflanze

Geselligkeitsstufe: I = einzeln oder in kleinen Trupps von 1–3 Pflanzen

Besondere Hinweise: In 80– 200 cm Wassertiefe, nur für größere Teiche und Becken

Weitere Arten und Sorten: *N. advena*, starkwüchsig, *; *N. pumila*, schwachwüchsige Art, *

Nymphaea alba *

Weißblühende Seerose

Nymphaeaceae – Seerosengewächse

Herkunft: Europa, Türkei, Kaukasus
Wuchs: Rhizombildend, im Boden wurzelnd, Schwimmblätter langgestielt
Blatt: Rundlich, bis zum Blattstiel eingeschnitten, auf dem Wasser schwimmend
Blüte: Einzeln, langgestielt, auf der Wasseroberfläche aufliegend oder wenig darüber, weiß, VI–VIII
Standort: Sonnig, Altwasser, Seebuchten, Weiher, stehende Gewässer, Boden moorig, lehmig, ab 60 cm Wassertiefe
Lebensbereiche: W6 = Wasser, Schwimmblattpflanze
Geselligkeitsstufe: I = einzeln oder in kleinen Trupps von 1–3 Pflanzen
Besondere Hinweise: Nur in größeren Naturanlagen, Teichen und Becken in Wassertiefen von 60–200 cm, für kleinere Wassergärten nicht geeignet
Weitere Arten und Sorten: Weißblühende Sorten sind *N.* x *cultorum* 'Hermine', Wassertiefe 40–80 cm, **; 'Madame Wilfron Gonnere', 50–80 cm; 'Marliacea Albida', 60–100 cm, **; 'Walter Pagels', 30–50 cm; *N. tuberosa* 'Gladstoniana' = 'Pöstlingberg', 80–120 cm, **; 'Richardsonii', 60–100 cm, *

© Floramedia

Nymphaea x *cultorum* 'James Brydon' ***

Garten-Seerose

Nymphaeaceae – Seerosengewächse

Herkunft: Züchtung/Auslese; Art aus Kanada, USA
Wuchs: Rhizombildend, im Boden wurzelnd, Schwimmblätter langgestielt
Blatt: Rundlich, bis zum Blattstiel eingeschnitten, auf dem Wasser schwimmend, grün, auch rotbraun gefleckt
Blüte: Groß, halbkugelförmige, symmetrische Schalenblüten, dunkelrot, VI–IX
Standort: Sonnig, Boden lehmig, 40–60 cm Wassertiefe
Lebensbereiche: W6 = Wasser, Schwimmblattpflanze
Geselligkeitsstufe: I = einzeln oder in kleinen Trupps von 1–3 Pflanzen
Weitere Arten und Sorten: Rotblühende Sorten: *N. cult.* 'Charles de Meurville', Wassertiefe 60–100 cm; 'Escarboucle', 40–80 cm, ***; 'Froebeli', 40–60 cm; 'Laydekeri Purpurata', 30–40 cm, **; 'Rene Gerard', 50–80 cm, **

© Floramedia

Nymphaea x *cultorum* 'Marliacea Chromatella' **

Garten-Seerose

Nymphaeaceae – Seerosengewächse

Herkunft: Züchtung/Auslese; Art aus Kanada, USA
Wuchs: Rhizombildend, im Boden wurzelnd, Schwimmblätter langgestielt
Blatt: Rundlich, bis zum Blattstiel eingeschnitten, auf dem Wasser schwimmend, grün, auch rotbraun gefleckt
Blüte: Groß, halbkugelförmige, symmetrische Schalenblüten, gelb, VI–IX
Standort: Sonnig, Boden lehmig, 40–60 cm Wassertiefe
Lebensbereiche: W6 = Wasser, Schwimmblattpflanze
Geselligkeitsstufe: I = einzeln oder in kleinen Trupps von 1–3 Pflanzen
Weitere Arten und Sorten: Gelbblühende Sorten sind *N.* x *cultorum* 'Colonel A.J. Welch', Wassertiefe 40–80 cm; 'Gold Medal', 60–80 cm; 'Joey Tomocick, 40–60 cm; 'Moorei', 60–70 cm; 'Texas Dawn', 50–80 cm; *N.* x *helvola;* 20–40 cm, Li; *N. odorata* 'Sulphurea', 40–60 cm, *

© Floramedia

© Floramedia

Nymphaea odorata 'Rosennymphe' ***

Wohlriechende Garten-Seerose

Nymphaeaceae – Seerosengewächse

Herkunft: Züchtung/Auslese; Art aus Kanada, USA
Wuchs: Rhizombildend, im Boden wurzelnd, Schwimmblätter langgestielt
Blatt: Rundlich, bis zum Blattstiel eingeschnitten, auf dem Wasser schwimmend, bräunlich grün bis grün
Blüte: Groß, halbkugelförmige, symmetrische Schalenblüten, rosa, später fast weiß, VI–IX
Standort: Sonnig, Boden lehmig, 40–60 cm Wassertiefe
Lebensbereiche: W6 = Wasser, Schwimmblattpflanze
Geselligkeitsstufe: I = einzeln oder in kleinen Trupps von 1–3 Pflanzen
Weitere Arten und Sorten: Rosablühende Sorten sind *N.* x *cultorum* 'Anna Epple', Wassertiefe 60–80 cm, Blüte rosa; 'Fabiola', 40–70 cm, dunkelrosa; 'Fritz Junge', 60–100 cm, rosa; 'Marliacea Rosea', 60–100 cm, *, rosa; 'Masianello', 50–70 cm; *N. tuberosa* 'Rosea', 20–30 cm

© Floramedia

Nymphoides peltata *

Seekanne

Menyanthaceae – Fieberkleegewächse

Herkunft: Eurasien
Wuchs: Triebe beblätterte, wurzelnd, knapp unter der Wasseroberfläche flach ausgebreitet
Blatt: Rundlich, bis zum Blattstiel eingeschnitten, auf dem Wasser schwimmend, bräunlich grün bis dunkel grün
Blüte: Zu mehreren achselständig nur einzeln aufblühend, kurz gestielt, bis 10 cm über der Wasseroberfläche stehend, gelb, VI–VIII
Mittlere Höhe: 5–10 cm
Standort: Sonnig, sommerwarme, stehende bis langsam fließende Gewässer, Teiche, Boden kalkfrei, anmoorig, lehmig
Lebensbereiche: W6 / WR5 = Wasser, Schwimmblattpflanze/Wasserrand, Flachwasserzone
Geselligkeitsstufe: II–III = in kleinen Trupps von 3–5 bis zu größeren Gruppen von 10–20 Pflanzen
Besondere Hinweise: Zuwachs überwachen und wenn nötig reduzieren

© Floramedia

Orontium aquaticum Li

Goldkeule

Araceae – Aronstabgewächse

Herkunft: Nordamerika
Wuchs: Horstartig, Rhizom dick, kurz
Blatt: Groß, lanzettlich, oberseits grün, unterseits bläulich, aus flachen Gewässern herausragend, bei tieferen Wasserständen schwimmblättrig
Blüte: Unscheinbar, in schmalem, langem Kolben auf gebogenem, teils weißem Trieb, gelb, VI–VII
Mittlere Höhe: Bis 30 cm über dem Wasser
Standort: Sonnig, warm, Ufer bis in flaches Wasser, Boden lehmig, nährstoffreich, 10–40 cm Wassertiefe
Lebensbereiche: WR5 / W5 = Wasserrand, Flachwasserzone/Wasser, Blätter und Triebe über der Wasseroberfläche
Geselligkeitsstufe: I–II = einzeln von 1–3 oder in kleinen Trupps von 3–5 Pflanzen
Besondere Hinweise: Tiefwurzler, im flachen Wasser nur bedingt winterhart, Laubdecke oder Anhebung der Wassertiefe als Winterschutz

Persicaria amphibia (syn. *Polygonum amphibium*) *

Wasserknöterich

Polygonaceae – Knöterichgewächse

Herkunft: Nördliche und südliche gemäßigten Zonen, als Wasser- oder Landform sehr verschieden
Wuchs: Im Boden wurzelnd, lange, unter der Wasseroberfläche flachwachsende, verzweigte, beblätterte Triebe
Blatt: Schwimmblätter, gestielt, lanzettlich, grün bis leicht bräunlich
Blüte: Klein, kronröhrig, in dichter Scheinähre rosa, VI–IX
Mittlere Höhe: 10–15 cm
Standort: Sonnig, Seen, Weiher, Teiche, Tümpel, Boden schlammig, anmoorig, sandig-lehmig, 20–100 cm Wassertiefe oder als Landform
Lebensbereiche: W6 / WR5 = Wasser, Schwimmblattpflanze/Wasserrand, Flachwasserzone
Geselligkeitsstufe: II–III = in kleinen Trupps von 3–5 bis zu 10–20 Pflanzen
Besondere Hinweise: Wegen des starken Ausbreitungsdrangs nur in der freien Landschaft verwendbar, nicht im Wassergarten, die Landform hat lange kriechende Triebe

© Floramedia

Petasites hybridus N

Gewöhnliche Pestwurz

Asteraceae (Compositae) – Asterngewächs (Korbblütler)

Herkunft: Europa, Türkei, Kaukasus
Wuchs: Stark bis wuchernd, ausläuferbildend
Blatt: Groß, grundständig, rundlich bis herzförmig, bis zum Blattstiel eingeschnitten, unterseits behaart, oberseits grün
Blüte: Kleine Körbchen, nur Röhrenblüten, ohne Zungenblüten, Blütenstand traubig, 15–20 cm hoch, Samenstand bis 100 cm, rosaweiß, II–IV
Mittlere Höhe: Blätter 60 cm, Samenstände bis 100 cm
Standort: Sonnig bis halbschattig, in Krautfluren, Ufer, Boden kiesig, tonig, feucht bis nass
Lebensbereiche: Fr3 w / WR3–4, GR3 = Freiflächen wiesenähnlich / Wasserrand, Gehölzrand
Geselligkeitsstufe: I–II = einzeln von 1–3 oder in kleinen Trupps von 3–5 Pflanzen
Besondere Hinweise: *P. hybridus* ist eine Art, keine Kreuzung, für Gärten nicht geeignet

© Floramedia

Pistia stratiotes N

Wassersalat

Araceae – Aronstabgewächse

Herkunft: Tropen und Subtropen
Wuchs: Rosettenartige, frei schwimmende Wasserpflanze
Blatt: Verkehrt eiförmig, vorne leicht gebuchtet, tief-längsnervig, graugrün
Blüte: Blüht in Mitteleuropa nicht
Mittlere Höhe: 5 cm über der Wasseroberfläche
Standort: Sonnig, warm, über tieferem Wasser, nicht frosthart
Lebensbereiche: W8 = Wasser, frei schwimmende Pflanze
Geselligkeitsstufe: I–II = einzeln von 1–3 oder in kleinen Trupps von 3–5 Pflanzen
Besondere Hinweise: Überwinterung der Blattrosetten warm (15–20 °C) und hell, im Frühsommer erst ausbringen, wenn Wassertemperaturen keinen Kälteschock verursachen, vermehrt sich im warmen Wasser willig

© Floramedia

© Floramedia

Pontederia cordata *

Herzblättriges Hechtkraut

Pontederiaceae – Hechtkrautgewächse

Herkunft: Kanada, östliche USA

Wuchs: Horstartig mit kurzen Rhizomen, bestandsbildend, Triebe aufrecht, unverzweigt, wenig beblättert

Blatt: Länglich herzförmig, gestielt, über der Wasseroberfläche, stehend, spät austreibend, grün

Blüte: In dichten, zylindrischen Scheinähren, blauviolett, VI–IX

Mittlere Höhe: 60 cm über der Wasseroberfläche

Standort: Sonnig, warm, im Flachwasser, nährstoffreich, Boden lehmig, 10–30 cm Wassertiefe

Lebensbereiche: WR5 / W5 = Wasserrand, Flachwasserzone/Wasser, Blätter und Triebe über der Wasseroberfläche

Geselligkeitsstufe: I–II = einzeln von 1–3 oder in kleinen Trupps von 3–5 Pflanzen

Besondere Hinweise: In Wassergärten, am Rande kleiner und großer Teiche und Wasserbecken, im flachen Wasser schutzbedürftig

Weitere Arten und Sorten: *P. lanceolata*, schmalblättrig, sonst wie die Art, Li

© Floramedia

Potamogeton crispus *

Krauses Laichkraut

Potamogetonaceae – Laichkrautgewächse

Herkunft: Kosmopolit

Wuchs: Rhizome weitgehend untergetaucht, Triebe flach, wechselständig beblättert

Blatt: Schmallineal, Blattrand gewellt, hellgrün

Blüte: Unscheinbar

Standort: Sonnig bis halbschattig, stehende, nährstoffreiche Gewässer, Altwässer, Boden sauer, ab 50 cm Wassertiefe

Lebensbereiche: W7 = Wasser, untergetauchte Pflanze

Geselligkeitsstufe: II–IV = Angabe schwierig

Besondere Hinweise: In Wassergärten nur begrenzt verwendbar, meist in größeren Gewässern

Weitere Arten und Sorten: *P. lucens*, Glänzendes Laichkraut, *; *P. natans*, Schwimmendes Laichkraut, *

© Floramedia

Potentilla palustris *

Sumpf-Fingerkraut, Sumpfblutauge

Rosaceae – Rosengewächse

Herkunft: Gemäßigte Zone der nördlichen Halbkugel

Wuchs: Horstartig, niederliegend bis aufsteigend

Blatt: Mehrteilig, gefiedert mit drei bis sieben Teilblättern, Blattrand gesägt, bläulich grün

Blüte: Blütenstand ästig, Blüten einzeln geöffnet, Kelchblätter auffallend, Kronblätter kurz, untergeordnet, dunkelpurpurn, VI–VII

Mittlere Höhe: 30 cm

Standort: Sonnig bis halbschattig, Hoch- und Flachmoore, Sümpfe, Gräben, bis flaches Wasser, Boden sauer, nährstoffarm, anmoorig bis moorig, humos

Lebensbereiche: WR4 / WR5 = Wasserrand, feucht bis dauernass/Wasserrand, Flachwasserzone

Geselligkeitsstufe: I–II = einzeln von 1–3 oder in kleinen Trupps von 3–5 Pflanzen

Besondere Hinweise: Im Wassergarten begrenzt auf Sumpfpflanzungen, im flachen Wasser bis 10 cm Wassertiefe

Ranunculus aquatilis *

Wasser-Hahnenfuß

Ranunculaceae – **Hahnenfußgewächse**

Herkunft: Europa, Kaukasus
Wuchs: Triebe beblättert, verzweigt, submers (untergetaucht), kriechend
Blatt: Untergetauchte Blätter fein zerteilt, Segmente fast fadenförmig, Schwimmblätter halbrund, dreiteilig, vorne eingeschnitten, grün, sommergrün
Blüte: Blüten einzeln, mit fünf freistehenden Kronblättern, weiß, V–IX
Mittlere Höhe: 5 cm über der Wasseroberfläche
Standort: Sonnig, stehende, nährstoffreiche, kalkfreie Gewässer, Tümpel, Boden schlammig, anmoorig, 20–100 cm Wassertiefe
Lebensbereiche: W7 = Wasser, untergetauchte Pflanze
Geselligkeitsstufe: II = in kleinen Trupps von 3–5 Pflanzen
Besondere Hinweise: In Wassergärten nur begrenzt verwendbar, meist in größeren Gewässern

© Floramedia

Ranunculus flammula *

Brennender Hahnenfuß

Ranunculaceae – **Hahnenfußgewächse**

Herkunft: Europa bis Westsibirien
Wuchs: Horstartig, Triebe niederliegend bis aufsteigend
Blatt: Grundblätter eiförmig, Triebblätter, einfach, ungeteilt, schmal, lanzettlich, grün, sommergrün
Blüte: Klein, radiärsymmetrisch, gelb, Blütenstand ästig verzweigt, VI–VIII
Mittlere Höhe: 40 cm
Standort: Sonnig, Nasswiesen, Sümpfe, Gräben Teichränder, Boden anmoorig, sandig-lehmig, humos, nass, sumpfig bis 20 cm Wassertiefe
Lebensbereiche: WR4–5 / Fr3–4 w = Wasserrand bis Flachwasserzone/Freiflächen wiesenähnlich, feucht bis dauernass
Geselligkeitsstufe: II = in kleinen Trupps von 3–5 Pflanzen
Besondere Hinweise: Am Ufer großer Teichanlagen, Weiher, Seen, Gräben bis Nasswiesen, Pionierpflanze

© Floramedia

Ranunculus lingua *

Zungen-Hahnenfuß

Ranunculaceae – **Hahnenfußgewächse**

Herkunft: Eurasien
Wuchs: Lange, interirdische Ausläufer bildend, Triebe aufrecht, beblättert
Blatt: Lanzettlich, wechselständig, grün, sommergrün
Blüte: Endständig, groß, 2–4 cm, radiärsymmetrisch, fast schalenförmig, gelb, VI–VIII
Mittlere Höhe: 60 cm
Standort: Sonnig bis halbschattig, Teiche, Ufer, Sumpfwiesen, Gräben, Boden anmoorig, lehmig bis tonig, feucht bis flaches Wasser von 10–30 cm
Lebensbereiche: WR5 / W5 = Wasserrand, Flachwasserzone/Wasser, Blätter und Triebe über der Wasseroberfläche
Geselligkeitsstufe: II = in kleinen Trupps von 3–5 Pflanzen
Besondere Hinweise: Für große Teiche und Weiher, in kleineren Wassergärten in Gefäße pflanzen

© Floramedia

© H. Götz

Ranunculus fluitans N

Flutender Wasser-Hahnenfuß

Ranunculaceae – Hahnenfußgewächse

Herkunft: Europa

Wuchs: Triebe ausgebreitet, lang, beblättert, flutend, submers, am Grund festgewurzelt

Blatt: Kahl, schlaff, band- bis fadenförmig, grün

Blüte: Wenig über der Wasseroberfläche, einzeln, schalenförmig, radiärsymmetrisch, weiß, VI–VIII

Lebensbereiche: W7 = Wasser, untergetauchte Pflanze

Geselligkeitsstufe: Keine Angabe möglich

© Floramedia

Sagittaria latifolia *

Breitblättriges Pfeilkraut

Alismataceae – Froschlöffelgewächse

Herkunft: Nordamerika

Wuchs: Horstartig bis ausläuferbildend, im tieferen Wasser submerse bis Schwimmblätter, im flachen Wasser Blätter aufrecht, Triebe aufrecht

Blatt: Spreite breit pfeilförmig, dunkelgrün, glänzend

Blüte: Dreieckig, mit drei Kronblättern, in lockerer Traube, weiß, Staubgefäße gelb, VI–VIII

Mittlere Höhe: 50 cm über der Wasseroberfläche

Standort: Sonnig bis halbschattig, 10–30 cm Wassertiefe

Lebensbereiche: WR5 / W5 = Wasserrand, Flachwasserzone/Wasser, Blätter und Triebe über der Wasseroberfläche

Geselligkeitsstufe: II = in kleinen Trupps von 3–5 Pflanzen

Besondere Hinweise: In kleineren Wassergärten in Gefäße pflanzen

© Floramedia

Sagittaria sagittifolia **

Gewöhnliches Pfeilkraut

Alismataceae – Froschlöffelgewächse

Herkunft: Eurasien

Wuchs: Horstartig bis ausläuferbildend, im flachen Wasser Blätter aufrecht, Triebe aufrecht

Blatt: Spreite schmal pfeilförmig, dunkelgrün, glänzend

Blüte: Dreieckig, mit drei Kronblättern, in lockerer Traube, weiß, Staubgefäße gelb, VI–VIII

Mittlere Höhe: 40 cm

Standort: Sonnig bis halbschattig, 10–30 cm Wassertiefe

Lebensbereiche: WR5 / W5 = Wasserrand, Flachwasserzone/Wasser, Blätter und Triebe über der Wasseroberfläche

Geselligkeitsstufe: II = in kleinen Trupps von 3–5 Pflanzen

Besondere Hinweise: *S. sagittifolia* schwächer wachsend, mit schmaleren Blattspreiten, auch für kleine Gartenteiche geeignet

Saururus chinensis Li

Molchschwanz

Saururaceae – Molchschwanzgewächse

Herkunft: Ostasien

Wuchs: Ausläuferbildend, Triebe niederliegend bis aufrecht

Blatt: Schmal herzförmig, lang zugespitzt, hellgrün

Blüte: Klein, dichte, zylindrische, anfangs aufgerichtete, später nickende Scheinähren, gelblich weiß, VI–VII

Mittlere Höhe: 40 cm

Standort: Sonnig bis halbschattig, warm, nährstoffreich, Sumpfzone bis ca. 10 cm Wassertiefe

Lebensbereiche: WR4 / Fr4 w = Wasserrand, feucht bis dauernass/Freiflächen wiesenähnlich, wechselfeucht

Geselligkeitsstufe: II = in kleinen Trupps von 3–5 Pflanzen

Besondere Hinweise: Frostfreie Überwinterung oder hohe Laubeinschüttung als Schutz vor starken Frösten notwendig

Weitere Arten und Sorten: *S. cernuus*, Amerikanischer Molchschwanz, 50 cm, rhizombildend, für Freiflächen und Wasserrand, Li

© Floramedia

Scirpus lacustris subsp. *tabernaemontani* 'Zebrinus' (syn. *Schoenoplectus tabernaemontani* 'Zebrinus') Li

Garten-Zebra-Simse

Cyperaceae – Sauergrasgewächse, Zypergrasgewächse

Herkunft: Züchtung/Auslese; Art aus Europa, Kaukasus, Sibirien, Nordamerika

Wuchs: Ausläuferbildend, hohe Halme

Blatt: Blattlose, grün-gelb quergestreifte Halme

Blüte: Unscheinbarer, spirreartiger Blütenstand, braun, VI–VII

Mittlere Höhe: 100 cm

Standort: Sonnig, Boden nährstoffarm, anmoorig bis lehmig-sandig, Sumpfbereich bis 50 cm Wassertiefe

Lebensbereiche: WR5 / W5 = Wasserrand, Flachwasserzone

Geselligkeitsstufe: I–II = einzeln von 1–3 oder in kleinen Trupps von 3–5 Pflanzen

Besondere Hinweise: Windgeschützt pflanzen, die Halme knicken leicht

Weitere Arten und Sorten: *S. lacustris* 'Albescens', 130 cm, Halme längsgestreift, wuchernd, Li; *S. lacustris*, 200 cm, grüne Halme, nur für größere Anlagen, **

© Floramedia

Solanum dulcamara *

Bittersüßer Nachtschatten

Solanaceae – Nachtschattengewächse

Herkunft: Eurasien

Wuchs: Horstartig, ausläuferbildend, Triebe am Grund verholzend, niederliegend, aufrecht bis kletternd

Blatt: Lanzettlich, ganzrandig, grün, sommergrün

Blüte: Kronröhrig, fünf Kronzipfel, Blütenstand verzweigt, doldentraubig, violett, VI–VIII

Mittlere Höhe: 80 cm

Frucht: Eiförmige, gestielte, rote Beeren

Standort: Sonnig bis halbschattig, Waldschläge, Gebüsch, Ufer, Boden nährstoffreich, humos, sandig-lehmig, wechselfeucht

Lebensbereiche: WR4 / GR3 = Wasserrand, feucht bis dauernass, wechselfeucht/Gehölzrand, feucht

Geselligkeitsstufe: I = einzeln oder in kleinen Trupps von 1–3 Pflanzen

Besondere Hinweise: Als Spreizklimmer in Sträuchern

© Floramedia

Sparganium erectum (syn. *S. ramosum*) *

Ästiger Igelkolben

Sparganiaceae – Igelkolbengewächse

Herkunft: Europa, Türkei, Kaukasus, Iran, Sibirien, Nordafrika
Wuchs: Ausläuferbildend, Triebe aufrecht, wechselständig beblättert, wenig verzweigt
Blatt: Teils grundständig, unten dreikantig, lineal, grün
Blüte: Blütenstand achsel- und endständig, kugelig, Einzelblüten unscheinbar, weiß, VI–VIII
Mittlere Höhe: 70 cm
Standort: Sonnig bis halbschattig, Röhricht, Ufer, Flachwasser, Verlandungszonen, Boden anmoorig, sandig-lehmig
Lebensbereiche: WR5 / W5 = Wasserrand, Flachwasserzone/Wasser, Blätter und Triebe über der Wasserobefläche
Geselligkeitsstufe: II = in kleinen Trupps von 3–5 Pflanzen
Besondere Hinweise: In kleineren Wasseranlagen Ausbreitung verhindern
Weitere Arten und Sorten: *S. emersum*, 80 cm, Blätter mehr grundständig, Triebe wenig beblättert, Blütenstand kugelig, weiß, VI–VII, *

Stachys palustris *

Sumpf-Ziest

Lamiaceae (Labiatae) – Lippenblütlergewächse

Herkunft: Europa, Nordasien, Nordamerika
Wuchs: Starkwüchsig, mit Ausläufern, Triebe straffaufrecht, gegenständig beblättert
Blatt: Lanzettlich, Blattrand fein gezähnt, grün, sommergrün
Blüte: Blütenstand etagen- bis quirlartig, Einzelblüten zweilippig, Unterlippe länger, purpurrosa, VI–IX
Mittlere Höhe: 60 cm
Standort: Sonnig, Nasswiesen, Gräben, Mulden, ohne besondere Ansprüche, lehmig bis humos
Lebensbereiche: WR3–4 / Fr3 w = Wasserrand, feucht bis dauernass/Freiflächen wiesenähnlich, feucht
Geselligkeitsstufe: II = in kleinen Trupps von 3–5 Pflanzen
Besondere Hinweise: Für kleine Wassergärten weniger geeignet

Stratiotes aloides *

Krebsschere, Wasseraloe

Hydrocharitaceae – Froschbissgewächse

Herkunft: Mittel- bis nördliches Europa, Kaukasus, Westsibirien
Wuchs: Rosettenartig, ausläuferbildend, frei schwimmend, submers bis halbaufgetaucht
Blatt: Lineal, zugespitzt, steif, rinnig, Blattrand scharf gezähnt, grün, wintergrün
Blüte: Kurzstielig, mit sechs Perigonblättern, innere drei weiß, V–VI
Mittlere Höhe: 10 cm
Standort: Sonnig bis halbschattig, nährstoffreiche Gewässer
Lebensbereiche: W8 = Wasser, frei schwimmende Pflanze
Geselligkeitsstufe: I–II = einzeln von 1–3 oder in kleinen Trupps von 3–5 Pflanzen
Besondere Hinweise: Im Wassergarten, in kleinen und großen Teichen und Wasserbecken in Wassertiefen von 50–200 cm

Trapa natans Li

Gewöhnliche Wassernuss

Trapaceae – Wassernussgewächse

Herkunft: Europa, Osteuropa, Türkei, Mittelasien, Nordafrika
Wuchs: Im Boden wurzelnd, lange Triebe bis zur Wasseroberfläche, Schwimmblätter rosettig angeordnet
Blatt: Rautenförmig, rhombisch, gestielt, Blattrand gezähnt, grün, im Herbst rotbraun
Blüte: Mit vier Kronblättern, unscheinbar, weiß, VII–VIII
Mittlere Höhe: 2 cm
Frucht: Steinfrucht verholzend, mit Zacken und Hörnchen
Standort: Sonnig, im stehenden, nährstoffreichen Wasser, Buchten, oft großflächig, ab 80–200 cm Wassertiefe
Lebensbereiche: W6 = Wasser, Schwimmblattpflanze
Geselligkeitsstufe: I–II = einzeln von 1–3 oder in kleinen Trupps von 3–5 Pflanzen
Besondere Hinweise: Im Wassergarten, in kleinen und großen Wasserbecken und Teichen in Wassertiefen von 60–100 cm

© Floramedia

Typha angustifolia *

Schmalblättriger Rohrkolben

Typhaceae – Rohrkolbengewächse

Herkunft: Nördliche, gemäßigte Halbkugel
Wuchs: Ausläuferbildend, Triebe straffaufrecht, wechselständig beblättert
Blatt: Lineal, riemen- bis bandförmig, grün
Blüte: Klein, unscheinbar, Blütenstand walzenförmig, männlicher und weiblicher Blütenstand deutlich getrennt, schwarzbraun, VII–VIII
Mittlere Höhe: 150 cm
Frucht: Samen mit Pappus
Standort: Sonnig, stehende bis langsam fließende Gewässer, Röhrichtzonen, Boden anmoorig, lehmig
Lebensbereiche: WR5 / W5 = Wasserrand, Flachwasserzone/Wasser, Blätter und Triebe über der Wasseroberfläche
Geselligkeitsstufe: I–IV = Angabe schwierig
Besondere Hinweise: Vorwiegend in der freien Landschaft, vom Sumpfbereich bis in Wassertiefen von 100 cm, in kleineren Wassergärten nur in Gefäßen

© Floramedia

Typha latifolia *

Breitblättriger Rohrkolben

Typhaceae – Rohrkolbengewächse

Herkunft: Eurasien, Nordamerika
Wuchs: Ausläuferbildend, Triebe straffaufrecht, wechselständig beblättert
Blatt: Breitlineal, riemen- bis bandförmig, grün
Blüte: Klein, unscheinbar, Blütenstand walzenförmig, zylindrisch, männlicher und weiblicher Blütenstand dicht übereinander, schwarzbraun, VII–VIII
Mittlere Höhe: 200 cm
Frucht: Samen mit Pappus
Standort: Sonnig, stehende bis langsam fließende Gewässer, Röhrichtzonen, Boden anmoorig, lehmig
Lebensbereiche: WR5 / W5 = Wasserrand, Flachwasserzone/Wasser, Blätter und Triebe über der Wasseroberfläche
Geselligkeitsstufe: I–IV = Angabe schwierig
Besondere Hinweise: Vorwiegend in der freien Landschaft, vom Sumpfbereich bis in Wassertiefen von 100 cm, in kleineren Wassergärten nur in Gefäßen

© Floramedia

Typha laxmannii **

Laxmanns Rohrkolben

Typhaceae – Rohrkolbengewächse

Herkunft: Südosteuropa bis Asien
Wuchs: Ausläufer bildend, Triebe straffaufrecht, wechselständig beblättert
Blatt: Schmallineal, riemen- bis bandförmig, graugrün
Blüte: Klein, in dicken, walzenförmigen Kolben, männliche Staubblütenähre deutlich abgesetzt, VII–VIII
Mittlere Höhe: 150 cm
Frucht: Samen mit Pappus
Standort: Sonnig, Boden nährstoffreich, im Sumpf und bis 40 cm Wassertiefe
Lebensbereiche: WR5 / W5 = Wasserrand, Flachwasserzone/Wasser, Blätter und Triebe über der Wasseroberfläche
Geselligkeitsstufe: I–IV = Angabe schwierig
Besondere Hinweise: In kleineren Wassergärten Ausbreitung verhindern
Weitere Arten und Sorten: *T. shuttleworthii*, 130 cm, Blätter lineal, die männliche Staubblütenähre schließt unmittelbar an den graubraunen Kolben an, VII–VIII, *

Typha minima *

Kleiner Rohrkolben, Zwerg-Rohrkolben

Typhaceae – Rohrkolbengewächse

Herkunft: Südeuropa bis Asien
Wuchs: Eher mäßig, kurze Ausläufer bildend, Triebe aufrecht, beblättert
Blatt: Sehr schmallineal, besonders an den sterilen Triebe, grün
Blüte: Kurzer, fast rundlicher Kolben, männlicher und weiblicher, dicht übereinander, je ca. 5 cm lang
Mittlere Höhe: 60 cm
Frucht: Samen mit Pappus
Standort: Sonnig, Boden nährstoffreich, im Sumpf oder im flachen Wasser bis 20 cm Wassertiefe
Lebensbereiche: WR5 / W5 = Wasserrand, Flachwasserzone/Wasser, Blätter und Triebe über der Wasseroberfläche
Geselligkeitsstufe: I–IV
Besondere Hinweise: Im Wassergarten, am Ufer größerer Teiche, in kleinen Teichen und Wasserbecken auch in Gefäßen

Utricularia vulgaris Li

Gewöhnlicher Wasserschlauch

Lentibulariaceae – Wasserschlauchgewächse

Herkunft: Europa
Wuchs: Triebe (Sprosse) ausgebreitet, lang, beblättert, submers, frei schwimmend oder im Schlamm verankert
Blatt: Mit haarfeinen Zipfeln und zahlreichen Schläuchen (Fangblasen) zum Fangen von Planktonorganismen ausgestattet, hellgrün
Blüte: Wenig über der Wasseroberfläche, zweilippig, gespornt, Unterlippe sattelförmig, gelb, VI–VIII
Standort: Sonnig, Moortümpel, Senken, Torfgräben, in flachem saurem Wasser, 10–50 cm Wassertiefe
Lebensbereiche: W7–8 = Wasser, untergetauchte bis frei schwimmende Pflanze
Geselligkeitsstufe: II = in kleinen Trupps von 3–5 Pflanzen
Besondere Hinweise: Sensible Wasserpflanze für den Wassergarten mit saurer Reaktion (niedrigem pH-Wert)

Veronica beccabunga *

Bach-Ehrenpreis, Bachbunge

Scrophulariaceae – Braunwurzgewächse (Rachenblütler)

Herkunft: Europa bis Asien
Wuchs: Kissenartig, Triebe rund, verzweigt, beblättert, niederliegend, teils wurzelnd bis aufgerichtet
Blatt: Kahl, kurz gestielt, gegenständig, elliptisch bis oval, Blattrand gesägt, glänzend, grün
Blüte: Mit fünf Kronzipfeln, in vielblütiger, achselständiger Traube, blau, V–VII
Mittlere Höhe: 30 cm
Standort: Sonnig, Boden humos, sandig-lehmig, schwach sauer bis mäßig kalkhaltig, feucht bis sumpfig
Lebensbereiche: WR4–5 = Wasserrand bis Flachwasserzone
Geselligkeitsstufe: II = in kleinen Trupps von 3–5 Pflanzen
Besondere Hinweise: Im Saum schwach fließender Gewässer, an Bächen, Gräben, in Quellfluren

© Floramedia

Zwiebel- und Knollenpflanzen

Diese zwei ausdauernden Pflanzengruppen werden hier bewusst von den Stauden getrennt behandelt. Viele der vielfältigen Gewächse sind, bei Beachtung des optimalen Standortes, langlebige Begleiter vom Vorfrühling bis Herbst. Viele haben entsprechend ihrer Herkunft einen anderen Rhythmus und ziehen im Sommer zu einer Ruhephase ein, um im nächsten Jahr wieder auszutreiben und Blüten zu bilden (Crocus, Galanthus).

© Floramedia

Allium aflatunense N

Kugel-Lauch

Alliaceae – Lauchgewächse

Herkunft: Zentralasien

Wuchs: Horstartig wachsende Zwiebelpflanze, ein Schaft pro Zwiebel mit zwei Hüllblättern

Blatt: Grundständig, lineal bis riemenförmig, grün, ziehen schon im Sommer ein

Blüte: Strahlenförmig, einfache, halb- bis kugelige Dolde, purpurviolett, V

Mittlere Höhe: 80 cm

Standort: Sonnig, warm, Boden durchlässig, trocken bis frisch

Lebensbereiche: Fr1–2 w / FS1–2, M1–2 = Freiflächen wiesenähnlich, offen/Felssteppen, Matten

Geselligkeitsstufe: II–III = in kleinen Trupps von 3–5 bis zu größeren Gruppen von 10–20 Pflanzen

Besondere Hinweise: Anpassungsfähig an Boden und Standort, eingestreut in niedrigen flächigen Pflanzungen wirkungsvoll

Weitere Arten und Sorten: 'Gladiator', 100 cm, violettrosa; 'Purple Sensation', 70 cm, tiefpurpurviolett

© Floramedia

Allium carinatum subsp. *pulchellum* **

Niedlicher Hänge-Lauch

Alliaceae – Lauchgewächse

Herkunft: Frankreich, Schweiz, Italien, Balkan, Türkei

Wuchs: Horstartig bis locker horstartig wachsende Zwiebelpflanze, ein Schaft pro Zwiebel mit zwei Hüllblättern

Blatt: Grundständig, schmallineal, tiefgrün, ziehen schon im Sommer ein

Blüte: Klein, becher- bis kelchförmig, Blütenstand doldig, Knospen aufrecht, offen hängend, violettrosa, VII–VIII

Mittlere Höhe: 40 cm

Standort: Sonnig, warm, kalkhaltig, Boden durchlässig, trocken

Lebensbereiche: St1–2 / FS1–2, M1–2 = Steinanalegen/Felssteppen, Matten

Geselligkeitsstufe: II–III = in kleinen Trupps von 3–5 bis zu größeren Gruppen von 10–20 Pflanzen

Weitere Arten und Sorten: *A. carinatum* subsp. *pulch. F. album*, 40 cm, Blüte weiß, Li

© Floramedia

Allium christophii **

Sternkugel-Lauch

Alliaceae – Lauchgewächse

Herkunft: Kleinasien, Türkei, Iran

Wuchs: Horstartig wachsende Zwiebelpflanze, ein Schaft pro Zwiebel mit zwei Hüllblättern

Blatt: Grundständig, lineal bis riemenförmig, graugrün, ziehen schon im Sommer ein

Blüte: Strahlenförmig, einfache halb- bis kugelige Dolde, violettrosa, V

Mittlere Höhe: 50 cm

Standort: Sonnig, warm, Boden durchlässig, trocken bis frisch

Lebensbereiche: St1 / FS1, M1 = Steinanlagen/Felssteppen, Matten (Felsmatten)

Geselligkeitsstufe: I–II = einzeln von 1–3 oder in kleinen Trupps von 3–5 Pflanzen

Besondere Hinweise: Anpassungsfähig an Boden und Standort, eingestreut in niedrigen flächigen Pflanzungen sehr wirkungsvoll

Allium giganteum *

Riesen-Lauch

Alliaceae – Lauchgewächse

Herkunft: Himalaja, Mittelasien

Wuchs: Horstartig wachsende Zwiebelpflanze, ein Schaft pro Zwiebel mit zwei Hüllblättern

Blatt: Grundständig, lineal bis riemenförmig, graugrün, ziehen schon im Sommer ein

Blüte: Klein, strahlenförmig, einfache, halb- bis kugelige Dolde, bis 15 cm Durchmesser, purpurviolett, VI–VII

Mittlere Höhe: 150 cm

Standort: Sonnig, warm, Boden durchlässig, trocken

Lebensbereiche: Fr1–2 w / FS1–2, M1–2 = Freiflächen wiesenähnlich, offen/Felssteppen, Matten

Geselligkeitsstufe: I–II = einzeln von 1–3 oder in kleinen Trupps von 3–5 Pflanzen

Besondere Hinweise: Anpassungsfähig an Boden und Standort, eingestreut in niedrigen flächigen Pflanzungen sehr wirkungsvoll

Weitere Arten und Sorten: 'Ambassador', 110 cm, tiefpurpurviolett

© Floramedia

Allium insubricum (syn. *A. narcissiflorum* subsp. *insubricum*) N

Insubrischer Lauch

Alliaceae – Lauchgewächse

Herkunft: Bergamasker Alpen

Wuchs: Horstartig bis locker horstartig wachsende Zwiebelpflanze, ein Schaft pro Zwiebel mit zwei Hüllblättern

Blatt: Grundständig, lineal, graugrün, ziehen schon im Sommer ein

Blüte: Glocken- bis kelchförmig, hängend, Blütenstand doldig, purpurrosa, VI–VI

Mittlere Höhe: 30 cm

Standort: Sonnig, warm, Boden durchlässig, trocken

Lebensbereiche: St1 / FS1, M1 = Steinanlagen/Felssteppen, Matten

Geselligkeitsstufe: II = in kleinen Trupps von 3–5 Pflanzen

© Floramedia

Allium karataviense **

Blauzungen-Lauch

Alliaceae – Lauchgewächse

Herkunft: Mittelasien

Wuchs: Horstartig wachsende Zwiebelpflanze, ein Schaft pro Zwiebel mit zwei Hüllblättern

Blatt: Zwei grundständige, breite, zungenförmige, blaugrüne Blätter

Blüte: Klein, zahlreich, strahlenförmig, kurzer Schaft, einfache, kugelige Dolde, violettrosa, V

Mittlere Höhe: 20 cm

Standort: Sonnig, warm, Boden durchlässig, trocken

Lebensbereiche: St1 / FS1 = Steinanlagen/Felssteppen

Geselligkeitsstufe: II = in kleinen Trupps von 3–5 Pflanzen

Weitere Arten und Sorten: 'Ivory Queen', 20 cm, Blüte gelblich weiß

© Floramedia

© Floramedia

Allium macleanii 'Globemaster' N

Garten-Zier-Lauch

Alliaceae – Lauchgewächse

Herkunft: Züchtung/Auslese; Art aus Afghanistan, Pakistan

Wuchs: Horstartig wachsende Zwiebelpflanze, ein hoher Schaft pro Zwiebel mit zwei Hüllblättern

Blatt: Grundständig, lineal bis riemenförmig, grün, beginnen schon zur Blütezeit zu vergilben

Blüte: Klein, zahlreich, strahlenförmig, hoher Schaft, einfache, kugelige Dolde, purpurn, V–VI

Mittlere Höhe: 90 cm

Standort: Sonnig, warm, Boden durchlässig, trocken

Lebensbereiche: B1–2 / Fr1–2 b = Beet/Freiflächen beetähnlich

Geselligkeitsstufe: I–II = einzeln von 1–3 oder in kleinen Trupps von 3–5 Pflanzen

Besondere Hinweise: Anpassungsfähig an Boden und Standort, eingestreut in niedrigen flächigen Pflanzungen sehr wirkungsvoll

Weitere Arten und Sorten: 'Lucy Ball', 100 cm, purpurviolett, V–VI

© Floramedia

Allium moly **

Gold-Lauch

Alliaceae – Lauchgewächse

Herkunft: Südwestfrankreich

Wuchs: Kolonienbildende Zwiebelpflanze, horstartig bis locker horstartig, ein Schaft pro Zwiebel mit zwei Hüllblättern

Blatt: Grundständig, lanzettlich, graugrün, ziehen kurz nach der Blüte ein

Blüte: Leuchtend gelb, Kronblätter aufwärts, breit strahlenförmig, leicht kelchförmig, einfache Dolde, V–VI

Mittlere Höhe: 25 cm

Standort: Sonnig bis absonnig, warm, Boden durchlässig, trocken bis frisch

Lebensbereiche: St1–2 / FS1–2, M1–2 = Steinanlagen/Felssteppen, Matten

Geselligkeitsstufe: II–III = in kleinen Trupps von 3–5 bis zu größeren Gruppen von 10–20 Pflanzen

Besondere Hinweise: Anpassungsfähig an Boden und Standort

Weitere Arten und Sorten: *A. atropurpureum*, 60 cm, Blüte tiefpurpur; *A. caeruleum*, 40 cm, blau, *; *A. cernuum*, 30 cm, violettrosa, *; *A. flavum*, 34 cm, gelb, *; *A. oreophyllum*, 25 cm, purpurrosa, **

© H. Götz

Allium rosenbachianum *

Paukenschläger-Lauch

Alliaceae – Lauchgewächse

Herkunft: Mittelasien, Afghanistan, Pakistan

Wuchs: Horstartig wachsende Zwiebelpflanze, ein hoher Schaft pro Zwiebel mit zwei Hüllblättern

Blatt: Grundständig, lanzettlich, graugrün, ziehen kurz nach der Blüte ein

Blüte: Klein, zahlreich, strahlenförmig, hoher Schaft, einfache, kugelige Dolde, violettpurpurn, VI–VII

Mittlere Höhe: 100 cm

Standort: Sonnig, warm, Boden durchlässig, trocken

Lebensbereiche: Fr1–2 w / FS1–2, M1–2 = Freiflächen wiesenähnlich, offen/Felssteppen, Matten

Geselligkeitsstufe: I–II = einzeln von 1–3 oder in kleinen Trupps von 3–5 Pflanzen

Besondere Hinweise: Anpassungsfähig an Boden und Standort, eingestreut in niedrigen flächigen Pflanzungen sehr wirkungsvoll

Weitere Arten und Sorten: 'Album', 80 cm, weißblühende Sorte

Allium sphaerocephalon *

Kugelkopfiger Lauch

Alliaceae – Lauchgewächse

Herkunft: Europa bis Mittelasien
Wuchs: Locker horstartig wachsende Zwiebelpflanze, ein dünner, hoher Schaft pro Zwiebel mit zwei Hüllblättern
Blatt: Grundständig, grasartig, graugrün
Blüte: Sehr klein, zahlreich, graziler Schaft, einfache, kleine, kopfige, kugelige Dolde, purpurrot, VI–VII
Mittlere Höhe: 60 cm
Standort: Sonnig, warm, Boden durchlässig, steinig, trocken
Lebensbereiche: Fr1 w / FS1, M1 = Freiflächen wiesenähnlich/Felssteppen, Steinanlagen, Matten
Geselligkeitsstufe: I–II = einzeln von 1–3 oder in kleinen Trupps von 3–5 Pflanzen
Weitere Arten und Sorten: *A. senescens*, 35 cm, rosa; *A. suaveolens*, purpurn, Li; *A. triquetrum*, 30 cm, weiß; *A. tuberosum*, 40 cm, weiß, Li, und Sorten; *A. victorialis*, 40 cm, weiß

© Floramedia

Allium stipitatum N

Langschäftiger Lauch

Alliaceae – Lauchgewächse

Herkunft: Mittelasien
Wuchs: Locker horstartig wachsende Zwiebelpflanze, ein, hoher Schaft pro Zwiebel mit zwei Hüllblättern
Blatt: Grundständig, lanzettlich, graugrün, ziehen kurz nach der Blüte ein
Blüte: Klein, zahlreich, strahlenförmig, nicht sternförmig, hoher Schaft, kugelige Dolde, purpurviolett, VII
Mittlere Höhe: 90 cm
Standort: Sonnig, warm, Boden durchlässig, trocken
Lebensbereiche: Fr1–2 w / FS1–2, M1–2 = Freiflächen wiesenähnlich, offen/Felssteppen, Matten
Geselligkeitsstufe: I–II = einzeln von 1–3 oder in kleinen Trupps von 3–5 Pflanzen
Besondere Hinweise: Anpassungsfähig an Boden und Standort, eingestreut in niedrigen flächigen Pflanzungen sehr wirkungsvoll
Weitere Arten und Sorten: 'Album', 90 cm, Blüte weiß; 'Mars', 100 cm, tiefpurpurn; 'Mont Everest', 110 cm, weiß

© K. Adams

Alstroemeria aurea 'Orange King' N

Garten-Inkalilie

Alstroemeriaceae – Inkaliliengewächse

Herkunft: Züchtung/Auslese; Art aus Südamerika
Wuchs: Horstartig wachsende Knollenpflanze, Triebe aufrecht
Blatt: Lanzettlich, gegenständig, grün
Blüte: Trichterförmig, gepunktet, mehrblütig endständig, orange, VII–VIII
Mittlere Höhe: 50–80 cm
Standort: Sonnig, warm, Boden durchlässig, nährstoffreich, frisch
Lebensbereiche: B2 = Beet
Geselligkeitsstufe: I–II = einzeln von 1–3 oder in kleinen Trupps von 3–5 Pflanzen
Besondere Hinweise: Sorgfältige Standortwahl, pflege- und schutzbedürftig
Weitere Arten und Sorten: Verschiedene Arten und Sorten sind erhältlich

© www.stauden-stade.de

© H. Götz

Anemone apennina *

Apenninen-Windröschen

Ranunculaceae – Hahnenfußgewächse

Herkunft: Italien, Korsika, Kroatien, Albanien
Wuchs: Horstartig bis lockerrasig wachsende Knollenpflanze, kurztriebig
Blatt: In Abschnitte geteilt, grün, sommergrün
Blüte: Einzeln, strahlenförmig, tiefblau, IV–V
Mittlere Höhe: 15 cm
Standort: Halbschattig, Boden durchlässig, humos, frisch, sommertrocken
Lebensbereiche: G2 / GR2 = Gehölz/Gehölzrand
Geselligkeitsstufe: II–III = in kleinen Trupps von 3–5 bis zu größeren Gruppen von 10–20 Pflanzen
Besondere Hinweise: Wird oft mit *A. blanda* verwechselt

© Floramedia

Anemone blanda **

Strahlen-Windröschen

Ranunculaceae – Hahnenfußgewächse

Herkunft: Östliches Mittelmeergebiet, Balkan, Kleinasien
Wuchs: Horstartig bis lockerrasig wachsende Knollenpflanze, kurztriebig
Blatt: Dreiteilig, tief gelappt, dunkelgrün, ziehen kurz nach der Blüte ein
Blüte: Strahlenförmig, radiärsymmetrisch, schmale Sepalen, blau, III–IV
Mittlere Höhe: 15 cm
Standort: Unter sommergrünen Gehölzen, Boden locker, humusreich, trocken bis frisch
Lebensbereiche: G1–2 / GR1–2, Fr1–3 w = Gehölz/Gehölzrand, Freiflächen wiesenähnlich, teils offen
Geselligkeitsstufe: III–IV = in größeren Gruppen von 10–20 Pflanzen, vorwiegend flächig
Weitere Arten und Sorten: 'Blue Shades', Blüte tiefblau; 'Charmer', dunkelrosa; 'Radar', hellpurpurn mit mit weißer Mitte; 'White Splendour', weiß

© Floramedia

Arum italicum *

Italienischer Aronstab

Araceae – Aronstabgewächse

Herkunft: Süd- und Westeuropa, Kanaren, Mittelmeergebiete
Wuchs: Horstartig wachsende Knollenpflanze, bildet allmählich ansehnliche Blatthorste
Blatt: Groß, pfeil- bis herzförmig, dunkelgrün, weiß geadert, Austrieb im Herbst, wintergrün, ziehen nach der Blüte ein
Blüte: Klein, gelblich, walzenförmig bis zylindrisch, ansehnliche grünlich weiße Spatha, IV–V
Mittlere Höhe: Blatt 40 cm, Blüte 30 cm
Frucht: Beeren, rot
Standort: Absonnig, halbschattig, warm, Boden humos, frisch
Lebensbereiche: GR2 / G2 = Gehölzrand/Gehölz
Geselligkeitsstufe: I–II = einzeln von 1–3 oder in kleinen Trupps von 3–5 Pflanzen
Besondere Hinweise: Blätter zum Schnitt geeignet
Weitere Arten und Sorten: 'Pictum' syn. 'Marmoratum', Blätter sehr auffällig weiß geadert; *A. maculatum*, Blätter grün, selten gefleckt, *; *A. nigrum*, Spatha schwarz

Bulbocodium vernum N

Frühlings-Lichtblume

Colchicaceae – Herbstzeitlosegewächse

Herkunft: Iberische Halbinsel, Frankreich, Pyrenäen
Wuchs: Horstartig wachsende Knollenpflanze, konkurrenzschwach
Blatt: Grundständig, lineal bis lineallanzettlich, treiben mit oder nach der Blüte aus, grün, sommergrün
Blüte: Einzeln, sitzend, trichterförmig, vor dem Blattaustrieb, violettrosa, II–III
Mittlere Höhe: 10 cm
Standort: Sonnig, geschützt, Boden durchlässig, frisch bis feucht, sommertrocken
Lebensbereiche: Fr1–2 w / St1–2 = Freiflächen wiesenähnlich, teils offen/Steinanlagen
Geselligkeitsstufe: II = in kleinen Trupps von 3–5 Pflanzen
Besondere Hinweise: Wegen der Blütezeit beachtenswert

© Floramedia

Chionodoxa luciliae N

Großer Schneeglanz, Großer Schneestolz

Hyacinthaceae – Hyazinthengewächse

Herkunft: Türkei
Wuchs: Durch Selbstaussaat und Brutzwiebeln kolonienbildende Zwiebelpflanze
Blatt: Schmallineal, grundständig, grün, ziehen bald nach der Blüte ein
Blüte: Einzeln bis mehrblütig, sechs Kronblätter, strahlenförmig ausgebreitet, hellblau auf weißem Grund, II–IV
Mittlere Höhe: 15 cm
Standort: Sonnig bis halbschattig, warm, durchlässig, trocken bis frisch, sommertrocken
Lebensbereiche: Fr1–2 w / GR1–2 = Freiflächen wiesenähnlich, teils offen/Gehölzrand
Geselligkeitsstufe: III–IV = in größeren Gruppen von 10–20 Pflanzen, vorwiegend flächig
Weitere Arten und Sorten: *C. luciliae* 'Alba', 15 cm, Blüte weiß; 'Rosea', 15 cm, rosa; *C. forbesii*, 20 cm, violettblau; 'Blue Giant', tiefblau; 'Pink Giant', 20 cm, zartrosa; *C. sardensis*, 15 cm, leuchtend blau

© H. Götz

Colchicum bornmuelleri (syn. *C. speciosum* var. *bornmuelleri*) N

Herbst-Zeitlose

Colchicaceae – Herbstzeitlosegewächse

Herkunft: Kaukasus, Türkei
Wuchs: Asymmetrische Spross-Knollenpflanze, im Frühjahr mit großem Blattschopf
Blatt: Riemenförmig, wechselständig, triebumfassend, im Frühjahr austreibend, ziehen im Sommer ein
Blüte: Trichterförmig, zu mehreren, violettrosa, im Zentrum weiß, VIII–IX
Mittlere Höhe: Blatt 30 cm, Blüte 15 cm
Standort: Sonnig, Boden durchlässig, nährstoffreich, frisch bis feucht
Lebensbereiche: Fr2–3 w / GR2–3 = Freiflächen wiesenähnlich/Gehölzrand
Geselligkeitsstufe: II = in kleinen Trupps von 3–5 Pflanzen
Besondere Hinweise: Ganze Pflanze giftig
Weitere Arten und Sorten: *C. speciosum* 'Album', Blüte weiß; 'Lilac Wonder', 20 cm, Blüte hellviolett; 'The Giant', Blüte groß, violettrosa; 'Waterlily', 15 cm, Blüte gefüllt, violettrosa; alle IX–X, 10–15 cm

© Floramedia

© Floramedia

Corydalis solida

*

Festknolliger Lerchensporn

Fumariaceae – Erdrauchgewächse

Herkunft: Europa, Kleinasien
Wuchs: Horstartig bis lockerrasig, wachsende Knollenpflanze, kurztriebig
Blatt: Zusammengesetzt, mehrteilig, grün, ziehen im Sommer ein
Blüte: Klein, röhrig, zweilippig, mit langem Sporn, Blütenstand traubig, rötlich violett, II–IV
Mittlere Höhe: 15 cm
Standort: Halbschattig bis absonnig, Boden durchlässig, lehmig humos, frisch
Lebensbereiche: G2 / GR2, Fr2 w = Gehölz/Gehölzrand, Freiflächen wiesenähnlich
Geselligkeitsstufe: II–III = in kleinen Trupps von 3–5 bis zu größeren Gruppen von 10–20 Pflanzen
Besondere Hinweise: Anpassungsfähig an Boden und Standort
Weitere Arten und Sorten: 'George Baker', 15 cm, rot, Li; *C. cava*, Hohler Lerchensporn, 20 cm, violettrosa, V, *

© Floramedia

Crocosmia x crocosmiiflora (syn. C. aurea x C. pottsii)

N

Garten-Montbretia

Iridaceae – Schwertliliengewächse

Herkunft: Züchtung/Kreuzung/Auslese
Wuchs: Horstartig wachsende Knollenpflanze mit reichlich Brutknollen, Triebe aufrecht, scheidig Triebe umfassend, beblättert
Blatt: Einfach ungeteilt, schwertförmig, spitz, grün, sommergrün
Blüte: Röhrig bis trichterförmig, einseitswendig, zweizeilig, scheinährig, VII–IX
Mittlere Höhe: 60 cm
Standort: Sonnig, warm, Boden durchlässig, nährstoffreich, frisch
Lebensbereiche: B2 / Fr2 b = Beet/Freiflächen beetähnlich
Geselligkeitsstufe: II = in kleinen Trupps von 3–5 Pflanzen
Besondere Hinweise: Alle Arten und Sorten sind schutzbedürftig
Weitere Arten und Sorten: 'Venus', 80 cm, orangerot, Li; weitere Arten und Sorten werden begrenzt angeboten

© Floramedia

Crocus speciosus

N

Prächtiger Herbst-Krokus

Iridaceae – Schwertliliengewächse

Herkunft: Türkei, Iran, Krim
Wuchs: Horstartig, bis flächig wachsende Knollenpflanze, kolonienbildend
Blatt: Schmallineal, grundständig, grasartig, grün mit weißem Mittelnerv, ziehen im Sommer ein
Blüte: Einzeln, trichterförmig, kronröhrig, zweikreisig, hellviolett, IX–X
Mittlere Höhe: 8 cm
Standort: Sonnig, Boden durchlässig, mineralisch bis humos, trocken bis frisch
Lebensbereiche: Fr1 w / St1, M1 = Freiflächen wiesenähnlich, teils offen/Steinanlagen, Matten
Geselligkeitsstufe: II–III = in kleinen Trupps von 3–5 bis zu 10–20 Pflanzen
Besondere Hinweise: Herbstblühende Krokusse sind beachtenswerte Geophyten, nicht für dichte Rasenflächen geeignet
Weitere Arten und Sorten: 'Aitchisonii', Blüte hellviolett; 'Oxonian', violettblau; *C. banaticus* (syn. *C. byzantinus*), violett; *C. kotschyanus* (syn. *C. zonatus*); *C. pulchellus*, hellviolettblau; *C. sativus*, Safran, hellviolett

Crocus tommasinianus **N**

Dalmatiner oder Elfen-Krokus

Iridaceae – Schwertliliengewächse

Herkunft: Ungarn, Kroatien, Bosnien, Jugoslawien

Wuchs: Horstartig, locker horstartig bis flächig wachsende Knollenpflanze, kolonienbildend

Blatt: Schmallineal, grundständig, grasartig, grün mit weißem Mittelnerv, ziehen im Sommer ein

Blüte: Einzeln, trichterförmig, kronröhrig, zweikreisig, hellviolett, II–III

Mittlere Höhe: 8 cm

Standort: Sonnig, Boden durchlässig, steinig, mineralisch bis humos, trocken

Lebensbereiche: Fr1 w / St1, M1 = Freiflächen wiesenähnlich, teils offen/Steinanlagen, Matten

Geselligkeitsstufe: II–III = in kleinen Trupps von 3–5 bis zu 10–20 Pflanzen

Besondere Hinweise: Krokusse sind wichtige Frühlingsgeophyten, nicht für dichte Rasenflächen geeignet

Weitere Arten und Sorten: *C. t.* 'Ruby Giant', Blüte purpurblau; 'Whitewell Purple', purpurviolett; *C. ancyrensis*, orangegelb; *C. sieberi*, weiß;

© Floramedia

Cyclamen coum (syn. *C. coum* subsp. *hiemale; C. orbiculatum*) **

Vorfrühlings-Alpenveilchen

Primulaceae (Myrsinaceae) – Primelgewächse (Myrsinengewächse)

Herkunft: Bulgarien, Krim, Türkei, Kaukasus

Wuchs: Knollenpflanze, mit rosettigen flachen Blatthorsten

Blatt: Rundlich bis nierenförmig, grün, oft silbrig weiß gezeichnet, wintergrün, ziehen im Vorsommer ein

Blüte: Einzeln, umgekehrt trichterförmig (Kronzipfel zurückgebogen), am Ende der gebogenen Stiele, rosa, II–III

Mittlere Höhe: 8 cm

Standort: Halbschattig, Boden durchlässig, sandig-humos, trocken bis frisch, sommertrocken

Lebensbereiche: G1–2 / GR1–2 = Gehölz/Gehölzrand

Geselligkeitsstufe: II–III = in kleinen Trupps von 3–5 bis zu 10–20 Pflanzen

Besondere Hinweise: Knolle relativ glatt, Wurzeln unterseits, oft Selbstaussaat

Weitere Arten und Sorten: *C. coum* mit einigen wenig verbreiteten Sorten; *C. pseudibericum*, Blüte purpurrosa; *C. repandum* (syn. *C. vernale*), rosa, Li, schutzbedürftig

© Floramedia

Cyclamen hederifolium 'Album' (syn. *C. neapolitanum* 'Album') **

Herbst-Alpenveilchen

Primulaceae (Myrsinaceae) – Primelgewächse (Myrsinengewächse)

Herkunft: Züchtung/Auslese; Art aus Südeuropa

Wuchs: Knollenpflanze, ansehnliche, flache, flächige Blatthorste bildend

Blatt: Zugespitzt herzförmig, oft auffällig weiß gezeichnet, Austrieb im Herbst, oft mit oder nach Blühbeginn, ziehen im Vorsommer ein

Blüte: Umgekehrt trichterförmig am Ende der gebogenen Stiele, weiß, VIII–IX, Blüten oft vor dem Blattaustrieb

Mittlere Höhe: 10 cm

Standort: Halbschattig, Boden durchlässig, sandig-humos, trocken bis frisch, sommertrocken

Lebensbereiche: G1–2 / GR1–2 = Gehölz/Gehölzrand

Geselligkeitsstufe: II–III = in kleinen Trupps von 3–5 bis zu 10–20 Pflanzen

Besondere Hinweise: Knolle groß, flach, rau, Wurzeln oberseits!, unterseits glatt

Weitere Arten und Sorten: *C. hederifolium*, 10 cm, Blüten rosa, **, mit Sorten; *C. purpurascens*, Sommer-Alpenveilchen, 10 cm, Blüten purpurrosa, VII–VIII, Li

© Floramedia

© Floramedia

Eranthis hyemalis **

Winterling

Ranunculaceae – Hahnenfußgewächse

Herkunft: Europa, Balkan

Wuchs: Knollenpflanze, kleine Knolle als Überdauerungsorgan

Blatt: Rundlich, in Abschnitte geteilt, grundständig, grün, ziehen bald nach der Blüte ein

Blüte: Einzeln, schalenförmig, kurztriebig, wirteliger Blattkranz unterhalb der Blüte, gelb, II–III

Mittlere Höhe: 5 cm

Standort: Halbschattig, Boden durchlässig, sandig-humos, trocken bis frisch

Lebensbereiche: G1–2 / GR1–2 = Gehölz/Gehölzrand

Geselligkeitsstufe: II–III = in kleinen Trupps von 3–5 bis zu größeren Gruppen von 10–20 Pflanzen

Besondere Hinweise: In großen Beständen besonders wirkungsvoll, oft Selbstaussaat

Weitere Arten und Sorten: Die hellgelben Sorten 'Schwefelglanz' und 'Zitronenfalter' werden selten angeboten; *E. ciliata*, 10 cm, gelb, *

© Floramedia

Erythronium dens-canis N

Hundszahn, Zahnlilie

Liliaceae – Liliengewächse

Herkunft: Europa

Wuchs: Zwiebelpflanze mit länglicher, zahnähnlicher, kleiner Zwiebel, bildet kleinen, wenig beblätterten Horst

Blatt: Oval, zungenförmig bis breitlanzettlich, blaugrün, braun bis silbrig gefleckt

Blüte: Einzeln, kurzstielig, zurückgebogene Kronblätter, lilienartig, violettrosa, VI–V

Mittlere Höhe: 15 cm

Standort: Sonnig bis absonnig, warm, Boden durchlässig, humos, trocken bis frisch

Lebensbereiche: G2 / GR2 = Gehölz/Gehölzrand

Geselligkeitsstufe: II = in kleinen Trupps von 3–5 Pflanzen

Weitere Arten und Sorten: Beachtenswert ist der Kalifornische Hundszahn, *E. tou-lumnense*, Liebhabersorte, 30 cm, gelb

© Floramedia

Fritillaria imperialis N

Kaiserkrone

Liliaceae – Liliengewächse

Herkunft: Türkei, Iran, Afghanistan, Pakistan

Wuchs: Eintriebig wachsende Zwiebelpflanze mit einem belaubten Trieb pro Zwiebel, über den Blüten ein endständiger Blattschopf

Blatt: Schmallanzettlich, wechselständig bis wirtelig, grün, ganze Pflanze zieht bald nach der Blüte ein

Blüte: Becherförmig, büschelig, hängend, Kronzipfel spitz, braunorange, IV–V

Mittlere Höhe: 80 cm

Standort: Sonnig, Boden durchlässig, nährstoffreich, humos, frisch

Lebensbereiche: Fr2 w bis b = Freiflächen, wiesen- bis beetähnlich

Geselligkeitsstufe: II = in kleinen Trupps von 3–5 Pflanzen

Weitere Arten und Sorten: 'Lutea Maxima', 80 cm, gelb; 'Rubra Maxima', 80 cm, braunrot, Sorten für den Lebensbereich Beet

Fritillaria meleagris *

Schachblume

Liliaceae – Liliengewächse

Herkunft: Europa, Kaukasus
Wuchs: Eintriebig wachsende Zwiebelpflanze, Triebe aufrecht, wechselständig Triebe umfassend, beblättert
Blatt: Lineal, graugrün, ziehen nach der Blüte ein
Blüte: Meist einzeln, achselständig, becherförmig, purpurviolett, schachbrettartig gezeichnet, hängend, IV–V
Mittlere Höhe: 30 cm
Standort: Sonnig bis absonnig, kühl, Boden nährstoffreich, frisch bis feucht, kurzzeitig auch nass
Lebensbereiche: Fr3 w / WR3, GR3 = Freiflächen wiesenähnlich, teils offen/Wasserrand, Gehölzrand
Geselligkeitsstufe: II–III = in kleinen Trupps von 3–5 bis zu größeren Gruppen von 10–20 Pflanzen
Weitere Arten und Sorten: 'Alba', eine farblich interessante, weißblühende Sorte, wird gelegentlich angeboten

© Floramedia

Galanthus nivalis **

Schneeglöckchen, Schneetröpfchen

Amaryllidaceae – Amaryllisgewächse

Herkunft: Mittel- und Südeuropa bis Kaukasus
Wuchs: Durch Aussaat und Brutzwiebeln allmählich kolonienbildend
Blatt: Schmallineal, grundständig, grün, ziehen bald nach der Blüte ein
Blüte: Einzeln, eher tropfen- als glockenförmig, hängend, zweikreisig, drei äußere, freistehende Perigonblätter, innere kurz, kronenartig, weiß, II–III
Mittlere Höhe: 15 cm
Standort: Licht- bis halbschattig, auch absonnig, Boden humos, frisch, auch in schütteren Wiesen
Lebensbereiche: G2 / GR2, Fr2 w = Gehölz/Gehölzrand, Freiflächen wiesenähnlich
Geselligkeitsstufe: II–III = in kleinen Trupps von 3–5 bis zu 10–20 Pflanzen
Besondere Hinweise: Auf Flächen, die nicht bearbeitet werden
Weitere Arten und Sorten: Von *G. nivalis* gibt es mehrere Sorten; *G. elwesii*, 15 cm, großblütig; *G. reginae-olgae*, 15 cm, herbstblühend; *G. woronowii*, 15 cm, Blätter breit, glänzend; in Liebhaberkreisen sind zahlreiche Arten und viele, auch gefüllt blühende Sorten verbreitet

© Floramedia

Galtonia candicans N

Sommerhyazinthe

Hyacinthaceae – Hyazinthengewächse

Herkunft: Südafrika
Wuchs: Eintriebig wachsende Zwiebelpflanze, horstartig, Schaft aufrecht, kahl
Blatt: Breitlineal, bandförmig, spitz, grundständig, sitzend, grün
Blüte: Kronröhrig, leicht glockenförmig, hängend, weiß, VII–VIII
Mittlere Höhe: 80 cm
Standort: Sonnig, warm, Boden durchlässig, humos, nährstoffreich, frisch
Lebensbereiche: B2 / Fr2 b = Beet/Freiflächen beetähnlich
Geselligkeitsstufe: II = in kleinen Trupps von 3–5 Pflanzen
Besondere Hinweise: Zwiebel mindestens 10 cm tief pflanzen, in rauen Lagen Winterschutz geben

© Floramedia

© Floramedia

Gladiolus palustris Li

Sumpf-Siegwurz

Iridaceae – Schwertliliengewächse

Herkunft: Frankreich, Italien, Mittel- bis Osteuropa, Balkan
Wuchs: Eintriebig wachsende Knollenpflanze, horstartig, Triebe aufrecht, mit kleinen, wechselständigen Stützblättern
Blatt: Schwertförmig, grundständig, scheidig triebumfassend, grün
Blüte: Kronröhrig, fünf freistehende, asymmetrische Perigonblätter, achselständig, hellpurpurn, VI–VII
Mittlere Höhe: 40 cm
Standort: Sonnig, Boden lehmig bis anmoorig, humos, feucht, auch dauerfeucht
Lebensbereiche: WR3–4 / Fr3 w = Wasserrand/Freiflächen wiesenähnlich, teils offen
Geselligkeitsstufe: II = in kleinen Trupps von 3–5 Pflanzen
Besondere Hinweise: Für naturnahe Pflanzungen sehr wirkungsvoll
Weitere Arten und Sorten: Selten angeboten werden *G. communis*, 60 cm, Blüten dunkelviolettrot; *G. illyricus*, 40 cm, violettpurpurn; *G. imbricatus*, 40 cm, purpurrot

© Floramedia

Hyacinthoides hispanica N

Spanisches Hasenglöckchen

Hyacinthaceae – Hyazinthengewächse

Herkunft: Iberische Halbinsel, in Teilen Europas eingebürgert
Wuchs: Horstartig bis locker horstartig wachsende Zwiebelpflanze, ein Schaft pro Zwiebel, kolonienbildend
Blatt: Lineal, abgerundet, rinnig, grundständig, bogig geneigt, grün, zieht im Sommer ein
Blüte: Glockenförmig, kurz gestielt, Blütenstand traubig, blau, IV–V
Mittlere Höhe: 25 cm
Standort: Licht- bis halbschattig, auch absonnig, Boden humos, frisch
Lebensbereiche: Fr2 w / GR2 = Freiflächen wiesenähnlich, teils offen/Gehölzrand
Geselligkeitsstufe: II–III = in kleinen Trupps von 3–5 bis zu 10–20 Pflanzen
Besondere Hinweise: Anspruchslos an Boden und Standort, gute Ergänzung in naturnahen Staudenpflanzungen
Weitere Arten und Sorten: 'Alba', 20 cm, Blüten weiß; 'Blue Queen', 25 cm, hellblau; 'Excelsior', 25 cm, tiefblau, hellblau gestreift; 'Rose Queen', 25 cm, rosa, Sorten für den Lebensbereich Beet

© Floramedia

Leucojum vernum **

Frühlings-Knotenblume, Märzenbecher

Amaryllidaceae – Amaryllisgewächse

Herkunft: Europa
Wuchs: Horstartig bis locker horstartig wachsende Zwiebelpflanze, meist ein Schaft pro Zwiebel, kolonienbildend
Blatt: Lineal, abgerundet, grundständig, bogig geneigt, grün, ziehen im Sommer ein
Blüte: Becherförmig, meist einzeln, aus dem Hüllblatt hängend, gelblich grüner Fleck auf den Kronzipfeln, weiß, II–IV
Mittlere Höhe: 25 cm
Standort: Halbschattig bis absonnig, Boden durchlässig, lehmig-humos, frisch bis feucht
Lebensbereiche: Fr2–3 w / GR2–3, G2–3 = Freiflächen wiesenähnlich, teils offen/ Gehölzrand, Gehölz
Geselligkeitsstufe: II–III = in kleinen Trupps von 3–5 bis zu 10–20 Pflanzen
Weitere Arten und Sorten: *L. aestivum*, Sommer-Knotenblume, 30 cm, weiß, mehrblütig, endständig, aus langem Hüllblatt; *L. autumnale*, Herbst-Knotenblume, 15 cm, weiß mehrblütig, endständig

Lilium candidum N

Madonnen-Lilie

Liliaceae – **Liliengewächse**

Herkunft: Östliches Mittelmeergebiet bis Südwestasien

Wuchs: Eintriebig wachsende Zwiebelpflanze, Blattrosette grundständig, Triebe aufrecht, beblättert

Blatt: Lanzettlich, grün, grundständige Blätter treiben im September aus, wintergrüne Blattrosette

Blüte: Trichterförmig, zu mehreren am Ende des Triebes, weiß, stark duftend, VII

Mittlere Höhe: 100 cm

Standort: Sonnig, warm, Boden durchlässig, nährstoffreich, frisch

Lebensbereiche: B2 / Fr2 b = Beet/Freiflächen beetähnlich

Geselligkeitsstufe: II = in kleinen Trupps von 3–5 Pflanzen

Besondere Hinweise: Schutz des Blattschopfes vor Wintersonne empfehlenswert, zum Schnitt geeignet

Weitere Arten und Sorten: Im Blumenzwiebelhandel und in Staudengärtnereien wird eine große Zahl von Lilien in Arten und Sorten angeboten

© Floramedia

Lilium x cultorum 'Connecticut King' N

Garten-Lilie

Liliaceae – **Liliengewächse**

Herkunft: Züchtung/Auslese

Wuchs: Eintriebig wachsende Zwiebelpflanze, Triebe aufrecht, dicht wechselständig beblättert

Blatt: Schmallanzettlich bis lanzettlich, dicht wechselständig bis zerstreut, grün

Blüte: Strahlenförmig, ausgebreitet, aufwärts, zu mehreren am Ende des Triebes, gelb, duftend, VI–VII

Mittlere Höhe: 80 cm

Standort: Sonnig bis halbschattig, Boden durchlässig, nährstoffreich, frisch

Lebensbereiche: B2 / Fr2 b = Beet/Freiflächen beetähnlich

Geselligkeitsstufe: II = in kleinen Trupps von 3–5 Pflanzen

Besondere Hinweise: Bewährte Sorten, neue Sorten haben oft nur eine geringe Lebensdauer

Weitere Arten und Sorten: 'Apeldoorn', 60 cm, orange; 'Avignon', 80 cm, tiefrot; 'Cinnabar', 70 cm, leuchtend rot; 'Enchantment', 80 cm, rot; 'Grand Cru', gelb, braunroter Fleck

© H. Götz

Lilium lancifolium N

Tiger-Lilie

Liliaceae – **Liliengewächse**

Herkunft: Japan, Korea, Ostchina

Wuchs: Eintriebig wachsende Zwiebelpflanze, Triebe aufrecht, dicht wechselständig beblättert

Blatt: Schmallanzettlich bis lanzettlich, dicht wechselständig, oft wirtelig, grün

Blüte: Türkenbundartig, turbanähnlich zurückgerollt, gepunktet, Triebe schwärzlich, orangerot, VII–VIII

Mittlere Höhe: 120 cm

Standort: Sonnig bis halbschattig, Boden durchlässig, nährstoffreich, frisch

Lebensbereiche: Fr2–3 w / GR2–3 = Freiflächen wiesenähnlich, teils offen/Gehölzrand

Geselligkeitsstufe: II = in kleinen Trupps von 3–5 Pflanzen

Besondere Hinweise: Arten und Sorten aus der Sektion Türkenbundlilien

Weitere Arten und Sorten: *L. lancifolium* var. *fortunei*, 130 cm, orangerot; *L. l.* var. *splendens*, 100 cm, orangerot; 'Citronella', 100 cm, gelb; *L. martagon*, 80 cm, hellpurpurn; *L. henryi*, 150 cm, orange

© H. Götz

© H. Götz

Lilium regale N

Königs-Lilie

Liliaceae – Liliengewächse

Herkunft: China, Szetschuan

Wuchs: Eintriebig wachsende Zwiebelpflanze, Triebe aufrecht, dicht wechselständig beblättert

Blatt: Schmallanzettlich bis lanzettlich, dicht wechselständig bis zerstreut, grün

Blüte: Groß, trichterförmig, zu mehreren am Ende des Triebes, weiß, duftend, VII–VIII

Mittlere Höhe: 100 cm

Standort: Sonnig bis halbschattig, Boden durchlässig, nährstoffreich, frisch

Lebensbereiche: B2 / Fr2 b = Beet/Freiflächen beetähnlich

Geselligkeitsstufe: II = in kleinen Trupps von 3–5 Pflanzen

Besondere Hinweise: Sorten der Sektion der Trompetenlilien

Weitere Arten und Sorten: 'Gelber Herold', 100 cm, Blüten hellgelb; *L. aurelian* 'Golden Splendour', 120 cm, gelb, außen braune Streifen; 'Pink Perfection', 120 cm, purpurrosa und weitere

© H. Götz

Muscari botryoides N

Kleine Traubenhyazinthe

Hyacinthaceae – Hyazinthengewächse

Herkunft: Europa

Wuchs: Horstartig bis locker horstartig wachsende Zwiebelpflanze, meist ein Schaft pro Zwiebel, kolonienbildend

Blatt: Lineal, abgerundet, grundständig, bogig geneigt, grün, wintergrün, ziehen im Sommer ein

Blüte: Klein, zahlreich, becher- bis krugförmig, Blütenstand dicht, traubig, blau, IV–V

Mittlere Höhe: 15 cm

Standort: Sonnig, warm, Boden durchlässig, lehmig bis humos, trocken bis frisch

Lebensbereiche: Fr1–2 w / St1–2, GR1–2 = Freiflächen/Steinanlagen, Gehölzrand

Geselligkeitsstufe: III = in größeren Gruppen von 10–20 Pflanzen

Besondere Hinweise: Anpassungsfähig an Boden und Standort, alle Arten und Sorten sind beachtenswerte Frühlingsgeophyten

Weitere Arten und Sorten: *M. armeniacum*, 20 cm, blau; 'Blue Pearl', 20 cm, violettblau; 'Blue Spikes', dichte Trauben, 15 cm, tiefblau; *M. azureum*, 15 cm, hell- bis tiefblau; *M. latifolium*, 15 cm, tiefblau, ein breites Blatt je Zwiebel

© Floramedia

Narcissus bulbocodium N

Reifrock-Narzisse

Amaryllidaceae – Amaryllisgewächse

Herkunft: Südwestfrankreich, Iberische Halbinsel

Wuchs: Horstartig bis locker horstartig wachsende Zwiebelpflanze, Schaft mit einem Hüllblatt

Blatt: Lineal, grasartig, grundständig, meist aufrecht, grün, ziehen im Sommer ein

Blüte: Einzeln, Hauptkrone mit sechs kleinen, radiärsymmetrischen, spitzen Kronblättern, Nebenkrone größer, konisch, reifrockartig, gelb, IV–V

Mittlere Höhe: 15 cm

Standort: Sonnig, warm, Boden durchlässig, lehmig bis humos, frisch bis feucht

Lebensbereiche: St2 / GR2 = Steinanlagen/Gehölzrand

Geselligkeitsstufe: II = in kleinen Trupps von 3–5 Pflanzen

Besondere Hinweise: Weitere Arten von *Narcissus* sind außergewöhnliche Frühlingsgeophyten, bei sorgfältiger Standortwahl sehr ausdauernd

Weitere Arten und Sorten: *N. hispanicus*, Spanische Narzisse, 25 cm, gelb; *N. minor*, Kleine Narzisse, 25 cm, gelb; *N. triandrus*, Engelstränen-Narzissen, 20 cm, gelb, mit Sorten 'April Tears', 'Hawara', 'Petrel'

Narcissus cyclamineus N

© K. Adams

Alpenveilchenartige Narzisse

Amaryllidaceae – Amaryllisgewächse

Herkunft: Nordportugal, Nordspanien

Wuchs: Horstartig bis locker horstartig wachsende Zwiebelpflanze, Schaft mit einem Hüllblatt

Blatt: Lineal, abgerundet, grundständig, meist aufrecht, grün, ziehen im Sommer ein

Blüte: Einzeln, Hauptkrone mit sechs radiärsymmetrischen Kronblättern, Nebenkrone becherförmig, gelb, II–IV

Mittlere Höhe: 30 cm

Standort: Sonnig, warm, Boden durchlässig, lehmig bis humos, trocken bis frisch

Lebensbereiche: Fr2–3 w / GR2–3 = Freiflächen wiesenähnlich, Gehölzrand

Geselligkeitsstufe: II = in kleinen Trupps von 3–5 Pflanzen

Besondere Hinweise: Blüten oft zweifarbig, schräg abwärts gerichtet, Hauptkrone fast anliegend zurück gebogen, etwas schutzbedürftig

Weitere Arten und Sorten: 'February Gold', 30 cm, gelborange und tiefgelb; 'Jenny', 25 cm, weiß; 'Jetfire', 25 cm, gelb, orange; 'Satelite', 25 cm, gelb und orange; 'Trena', 30 cm, gelb u. weiß

Narcissus jonquilla N

© Floramedia

Echte Jonquillen-Narzisse

Amaryllidaceae – Amaryllisgewächse

Herkunft: Iberische Halbinsel

Wuchs: Horstartig wachsende Zwiebelpflanze, Schaft mit einem Hüllblatt

Blatt: Lineal, grasartig, binsenähnlich, grundständig, meist aufrecht, grün, ziehen im Sommer ein

Blüte: Klein, mehrblütig, endständig, tiefgelb, duftend, IV–V

Mittlere Höhe: 30 cm

Standort: Sonnig, warm, Boden durchlässig, humos, steinig, trocken bis frisch, sommertrocken

Lebensbereiche: Fr1–2 w / M1–2 = Freiflächen wiesenähnlich, Steinrasen/Matten

Geselligkeitsstufe: II = in kleinen Trupps von 3–5 Pflanzen

Besondere Hinweise: Blüten zu mehreren, ein- bis zweifarbig, Nebenkrone kurz, ausgebreitet, tellerförmig

Weitere Arten und Sorten: 'Baby Moon', 30 cm, gelb, orange; 'Dickcissel', hellgelb, weiß; 'Matinette', 30 cm, hellgelb, orange; 'Sweetness', 25 cm, tiefgelb; 'Trevithian', 25 cm, tiefgelb

---

Narcissus poeticus subsp. *poeticus* N

© H. Götz

Poeten-, Dichter-Narzisse

Amaryllidaceae – Amaryllisgewächse

Herkunft: Iberische Halbinsel, Frankreich, Italien, Balkan, Mitteleuropa

Wuchs: Horstartig bis locker horstartig wachsende Zwiebelpflanze, Schaft mit einem Hüllblatt

Blatt: Lineal, abgerundet, grundständig, meist aufrecht, grün, ziehen im Sommer ein

Blüte: Einzeln, groß, Hauptkrone weiß, Nebenkrone meist klein, kurz, becherförmig, gelb, roter Rand

Mittlere Höhe: 40 cm

Standort: Sonnig, warm, Boden durchlässig, humos, frisch bis feucht

Lebensbereiche: Fr2–3 w = Freiflächen wiesenähnlich, teils offen

Geselligkeitsstufe: II–III = in kleinen Trupps von 3–5 bis zu 10–20 Pflanzen

Besondere Hinweise: Die Art und wenige Sorten kleinkronig, weitere Sorten dieser Art mit größerer Nebenkrone

Weitere Arten und Sorten: *N. p.* subsp. *recurvus*, 30 cm, Perigonblätter weiß, rückwärts gebogen; *N. p.* subsp. *radiatus*, Perigonblätter freistehend, großkronige Sorten sind 'Carlton', 'Professor Einstein', 'Suada'

© H. Götz

Narcissus pseudonarcissus N

Osterglocke, Trompeten-Narzisse

Amaryllidaceae – Amaryllisgewächse

Herkunft: Iberische Halbinsel, Frankreich, Schweiz
Wuchs: Horstartig wachsende Zwiebelpflanze, Schaft mit einem Hüllblatt
Blatt: Lineal, abgerundet, grundständig, meist aufrecht, grün, ziehen im Sommer ein
Blüte: Einzeln, groß, Hauptkrone hellgelb bis gelb, Nebenkrone groß, trompetenförmig, gelb, variabel
Mittlere Höhe: 30 cm
Standort: Sonnig, warm, Boden durchlässig, lehmig bis humos, trocken bis frisch
Lebensbereiche: Fr2 w / GR2, G2 = Freiflächen wiesenähnlich, teils offen/Gehölzrand, Gehölz
Geselligkeitsstufe: II–III = in kleinen Trupps von 3–5 bis zu 10–20 Pflanzen
Besondere Hinweise: Viele Sorten der großblütigen Osterglocken im Handel, sind eher kurzlebig
Weitere Arten und Sorten: 'Arctic Gold', 40 cm, tiefgelb; 'Golden Harvest', 40 cm, gelb; 'King Alfred', 45 cm, tiefgelb; 'Little Gem', 20 cm, gelb; 'Mount Hood', 40 cm, gelblich weiß

© Floramedia

Ornithogalum umbellatum N

Dolden-Milchstern

Hyacinthaceae – Hyazinthengewächse

Herkunft: Europa
Wuchs: Horstartig bis locker horstartig wachsende Zwiebelpflanze, meist ein Schaft pro Zwiebel, kolonienbildend
Blatt: Lineal, abgerundet, grundständig, meist aufrecht, grün mit weißem Streifen, ziehen im Sommer ein
Blüte: Aufwärts, strahlenförmig, langgestielt, kurztriebig, Blütenstand scheindoldig, weiß, V–VI
Mittlere Höhe: 20 cm
Standort: Sonnig, warm, Boden durchlässig, lehmig bis humos, trocken bis frisch
Lebensbereiche: Fr1–2 w / GR1–2 = Freiflächen wiesenähnlich, teils offen/Gehölzrand
Geselligkeitsstufe: II–III = in kleinen Trupps von 3–5 bis zu 10–20 Pflanzen
Besondere Hinweise: Anspruchslos, anpassungsfähig an Boden und Standort
Weitere Arten und Sorten: *O. nutans*, Nickender Milchstern, 25 cm, Blütenstand traubig, weiß, seitlich zeigend; *O. pyramidalis*, 40 cm, Blütenstand traubig, weiß, aufwärts, VI–VII

© Floramedia

Puschkinia scilloides N

Apollo-Scheinhyazinthe, Kegelblume

Hyacinthaceae – Hyazinthengewächse

Herkunft: Kaukasus, Türkei
Wuchs: Horstartig bis locker horstartig wachsende Zwiebelpflanze, ein Schaft pro Zwiebel, kolonienbildend
Blatt: Lineal, abgerundet, grundständig, meist aufrecht, ziehen im Sommer ein
Blüte: Einseitswendig, mit sechs Kronblättern, kurztriebig, traubig, blassblau bis weißlich, II–III
Mittlere Höhe: 15 cm
Standort: Sonnig, warm, Boden durchlässig, steinig, trocken bis frisch
Lebensbereiche: Fr1–2 w / GR1–2, St1–2 = Freiflächen wiesenähnlich, teils offen/Gehölzrand, Steinanlagen
Geselligkeitsstufe: II–III = in kleinen Trupps von 3–5 bis zu größeren Gruppen von 10–20 Pflanzen
Besondere Hinweise: Anspruchslos, anpassungsfähig an Boden und Standort
Weitere Arten und Sorten: *P. scilloides* var. *libanotica*, Libanon-Scheinhyazinthe, kaum Unterschied zu anderen Varietäten

Ranunculus ficaria 'Brazen Hussy' N

Garten-Scharbockskraut

Ranunculaceae – Hahnenfußgewächse

Herkunft: Züchtung/Auslese; Art aus Europa bis Asien

Wuchs: Horstartig, fast rosettig wachsende Knollenpflanze

Blatt: Rundlich bis herzförmig, zum Stiel eingeschnitten, fingernervig, grünlich braun

Blüte: Einzeln, strahlenförmig, kurztriebig, gelb, IV–V

Mittlere Höhe: 10 cm

Standort: Halbschattig bis sonnig, in jedem durchlässigen Boden

Lebensbereiche: G2 / GR2 = Gehölz/Gehölzrand

Geselligkeitsstufe: II–III = in kleinen Trupps von 3–5 bis zu größeren Gruppen von 10–20 Pflanzen

Besondere Hinweise: Anspruchslos, anpassungsfähig an Boden und Standort

Weitere Arten und Sorten: Die Art kann im Garten lästig werden, im Handel werden einige weniger aggressive Sorten angeboten

© H. Götz

Rhodohypoxis baurii N

Grasstern

Hyoxidaceae – Grassterngewächse

Herkunft: Bergregionen Südafrikas

Wuchs: Horstartig bis locker horstartig wachsende Knollenpflanze

Blatt: Lineal bis schmallanzettlich, grasartig, grundständig, behaart, meist aufrecht

Blüte: Einzeln, zweikreisig, sechs Kronblätter ohne sichtbare Staubfäden, kurztriebig, hellrot, VII–VIII

Mittlere Höhe: 10 cm

Standort: Sonnig, warm, Boden in der Vegetationszeit feucht, im Winter eher trocken

Lebensbereiche: St2 = Steinanlagen

Geselligkeitsstufe: II = in kleinen Trupps von 3–5 Pflanzen

Besondere Hinweise: Zur Sicherheit einige Knollen im Herbst herausnehmen und halbtrocken, frostfrei überwintern

Weitere Arten und Sorten: Es werden viele Sorten und Farbvarianten angeboten

© Floramedia

Scilla siberica N

Sibirischer Blaustern

Hyacinthaceae – Hyazinthengewächse

Herkunft: Russland, Türkei, Nordirak, Kaukasus, Iran

Wuchs: Durch Aussaat und Brutzwiebeln allmählich kolonienbildende Zwiebelpflanze, horstartig bis flächig

Blatt: Grundständig, breitlineal, abgerundet, Rand etwas aufgewölbt, grün, ziehen im Sommer ein

Blüte: Sechs mehr oder weniger ausgebreitete Perigonblätter, zu mehreren, nickend, weißlich blau, II–IV

Mittlere Höhe: 10 cm

Standort: Sonnig bis halbschattig, Boden durchlässig, humos, sandig-humos, frisch

Lebensbereiche: Fr2 w / GR2, G2 = Freiflächen/Gehölzrand, Gehölz

Geselligkeitsstufe: II–III = in kleinen Trupps von 3–5 bis zu 10–20 Pflanzen

Besondere Hinweise: Anpassungsfähig, in großen Beständen besonders wirkungsvoll, vermehrt sich leicht durch Selbstaussaat und Brutzwiebeln

Weitere Arten und Sorten: 'Alba', Blüten weiß, 15 cm; *S. autumnalis*, 15 cm, hellviolett; *S. bifolia*, 15 cm, violettblau; *S. peruviana*, Stern der Peru, dunkelblau in Dolden

© Floramedia

© Floramedia

Tulipa batalinii N

Batalins Tulpe

Liliaceae – Liliengewächse

Herkunft: Mittelasien
Wuchs: Horstartig wachsende Zwiebelpflanze, ein kurzer Trieb pro Zwiebel, mehr oder weniger beblättert, ein- bis mehrblütig
Blatt: Grundständig, fast rosettig, schmal, Rand gewellt, Triebe kaum beblättert, graugrün, ziehen im Sommer ein
Blüte: Meist einzeln, becherförmig, Zipfel kaum ausgebreitet, zweikreisig, kurztriebig, hell-gelb, IV
Mittlere Höhe: 15 cm
Standort: Sonnig, Boden durchlässig, humos, sandig-humos, frisch
Lebensbereiche: St2 / FS2 = Steinanlagen/Felssteppen
Geselligkeitsstufe: II = in kleinen Trupps von 3–5 Pflanzen
Besondere Hinweise: Niedrige Arten sind ideale Geophyten für Steinanlagen
Weitere Arten und Sorten: 'Red Jewel', Blüten leuchtend rot; 'Yellow Jewel', gelb mit Zartrosa; *T. clusiana*, gelb, Sepalen außen purpurrosa; *T. greigii*, Blätter gestreift, Blüten leuchtend rot, mit Sorten, auch mehrblütig

© H. Götz

Tulipa x *cultorum* 'Apeldoorn' N

Garten-Tulpen

Liliaceae – Liliengewächse

Herkunft: Züchtung/Auslese
Wuchs: Horstartig wachsende Zwiebelpflanze, einstielig, mit einer Blüte
Blatt: Einzeln, grundständig, sitzend, wenige Triebblätter, graugrün, ziehen im Sommer ein
Blüte: Meist einzeln, becherförmig, Zipfel kaum ausgebreitet, zweikreisig, kurztriebig, leuchtend rot, IV–V
Mittlere Höhe: 50 cm
Standort: Sonnig, warm, Boden durchlässig, lehmig-humos, nährstoffreich, frisch
Lebensbereiche: B2 / Fr2 b = Beet/Freiflächen beetähnlich
Geselligkeitsstufe: II–III = in kleinen Trupps von 3–5 bis zu größeren Gruppen von 10–20 Pflanzen
Besondere Hinweise: Sektion/Gruppe Darwin-Tulpen
Weitere Arten und Sorten: 'Couleur Cardinal', Blüte rot, 40 cm, IV–V; 'Parade' leuchtend rot, 40 cm, IV–V; 'Golden Apeldoorn', 40 cm, gelb

© H. Götz

Tulipa x *cultorum* Diverse Sorten N

Papageien-Tulpen

Liliaceae – Liliengewächse

Herkunft: Züchtung/Auslese
Wuchs: Horstartig wachsende Zwiebelpflanze, einstielig, mit einer Blüte
Blatt: Einzeln, grundständig, sitzend, wenige Triebblätter, graugrün, ziehen im Sommer ein
Blüte: Meist einzeln, becherförmig, Ränder mehr oder weniger eingeschnitten und gedreht, zweikreisig, viele Farben, auch mehrfarbig, IV–V
Mittlere Höhe: 50 cm
Standort: Sonnig, warm, Boden durchlässig, lehmig-humos, nährstoffreich, frisch
Lebensbereiche: B2 / Fr2 b = Beet/Freiflächen beetähnlich
Geselligkeitsstufe: II–III = in kleinen Trupps von 3–5 bis zu größeren Gruppen von 10–20 Pflanzen
Besondere Hinweise: Sektion/Gruppe Garten-Papageien-Tulpen
Weitere Arten und Sorten: Es werden Sorten und Mischungen angeboten

Tulipa x cultorum 'West Point' **N**

Lilienblütige Tulpe

Liliaceae – Liliengewächse

Herkunft: Züchtung/Auslese

Wuchs: Horstartig wachsende Zwiebelpflanze, einstielig, mit einer Blüte

Blatt: Einzeln, grundständig, sitzend, wenige Triebblätter, graugrün, ziehen im Sommer ein

Blüte: Einzeln, endständig, ausgebreitet, spitz zulaufend, aufwärts zeigend, gelb, IV

Mittlere Höhe: 50 cm

Standort: Sonnig, warm, Boden durchlässig, lehmig-humos, nährstoffreich, frisch

Lebensbereiche: B2 / Fr2 b = Beet/Freiflächen beetähnlich

Geselligkeitsstufe: II–III = in kleinen Trupps von 3–5 bis zu größeren Gruppen von 10–20 Pflanzen

Besondere Hinweise: Sektion/Gruppe Lilienblütige Tulpen

Weitere Arten und Sorten: 'Ballerina', 40 cm, Blüte orange, V; 'Burgundy', violett-purpurn, V

© Floramedia

Tulipa humilis **N**

Niedrige Tulpe

Liliaceae – Liliengewächse

Herkunft: Kaukasus, Nordiran

Wuchs: Horstartig wachsende Zwiebelpflanze, einstielig, mit einer Blüte

Blatt: Grundständig, fast rosettig, schmallineal, sitzend, graugrün, ziehen im Sommer ein

Blüte: Meist einzeln, becherförmig bis flach ausgebreitet, zweikreisig, kurzstielig, violettrosa, IV

Mittlere Höhe: 15 cm

Standort: Sonnig, Boden durchlässig, humos, sandig-humos, frisch

Lebensbereiche: St2 / FS2 = Steinanlagen/Felssteppen

Geselligkeitsstufe: II = in kleinen Trupps von 3–5 Pflanzen

Weitere Arten und Sorten: 'Little Beauty', 15 cm, Blüten tiefrot; 'Little Princess', 15 cm, orange; 'Persian Pearl', 15 cm, tief-purpur; 'Violacea Black Base', 15 cm, purpurviolett

© Floramedia

Tulipa sprengeri **N**

Sprengers Tulpe

Liliaceae – Liliengewächse

Herkunft: Türkei

Wuchs: Horstartig wachsende Zwiebelpflanze, einstielig, mit einer Blüte

Blatt: Einzeln, grundständig, sitzend, schmale Triebblätter, graugrün, ziehen im Sommer ein

Blüte: Einzeln, Knospen nickend, spitz zulaufend, offene Blüten ausgebreitet, aufwärts, leuchtend rot, VI

Mittlere Höhe: 40 cm

Standort: Sonnig, Boden durchlässig, humos, sandig-humos, frisch

Lebensbereiche: Fr2 w / St2 = Freiflächen wiesenähnlich, teils offen/Steinanlagen

Geselligkeitsstufe: II = in kleinen Trupps von 3–5 Pflanzen

Besondere Hinweise: Wegen der späten Blütezeit beachtenswert

Weitere Arten und Sorten: *T. orphanidea*, 20 cm, rot, mit Sorten

© H. Götz

© Floramedia

Tulipa sylvestris N

Weinberg-Tulpe

Liliaceae – Liliengewächse

Herkunft: Europa, Türkei, Kaukasus

Wuchs: Horstartig wachsende Zwiebelpflanze, kurze Ausläufer bildend, ein Trieb pro Zwiebel, mehr oder weniger beblättert, einblütige Art

Blatt: Einzeln, grundständig, sitzend, wenige Triebblätter, graugrün, ziehen im Sommer ein

Blüte: Einzeln, Knospen nickend, spitz zulaufend, offene Blüten ausgebreitet, aufwärts, duftend, gelb, V

Mittlere Höhe: 30 cm

Standort: Sonnig, warm, Boden durchlässig, lehmig humos, nährstoffreich, frisch

Lebensbereiche: Fr2 w / GR2 = Freiflächen wiesenähnlich, teils offen/Gehölzrand

Geselligkeitsstufe: II–III = in kleinen Trupps von 3–5 bis zu größeren Gruppen von 10–20 Pflanzen

Besondere Hinweise: In offenem, nährstoffreichem Boden Vermehrung über unterirdische Ausläufer

© Floramedia

Tulipa tarda N

Späte Tulpe

Liliaceae – Liliengewächse

Herkunft: Mittelasien

Wuchs: Horstartig wachsende Zwiebelpflanze, pro Zwiebel mehrere kurze Stiele, mit endständiger Blüte

Blatt: Grundständig, fast rosettig, schmallanzettlich, sitzend, grün, ziehen im Sommer ein

Blüte: Zahlreich, einzeln, endständig, ausgebreitet, spitz zulaufend, aufwärts zeigend, weiß, großes gelbes Zentrum, IV

Mittlere Höhe: 15 cm

Standort: Sonnig, warm, Boden durchlässig, lehmig-humos, nährstoffreich, frisch

Lebensbereiche: St2 = Steinanlagen / FS2 = Felssteppen

Geselligkeitsstufe: II = in kleinen Trupps von 3–5 Pflanzen

Kräuter- und Heilpflanzen

Die Bedeutung von Heil-, Duft- und Würzkräutern, die vielfach als sogenannte Küchenkräuter Verwendung finden, hat auch in der Gastronomie deutlich zugenommen. Alte, zum Teil vergessene Kräuter mit sehr unterschiedlichen Eigenschaften, erleben eine neue kulturelle Bedeutung.

© Floramedia

Achillea millefolium N

Gewöhnliche Schaf-Garbe, Vielblättrige Garbe

Asteraceae (Compositae) – Asterngewächse (Korbblütler)

Herkunft: Europa bis Asien

Wuchs: Locker horstartig wachsende Heil-/Medizinpflanze, unterirdische Ausläufer bildend, Triebe aufrecht, beblättert

Blatt: Stark fiederschnittig, länglich, wechselständig, aromatisch, dunkelgrün, sommergrün

Blüte: Kleine Körbchen, Zungen- und Röhrenblüten weiß, flache Scheindolden, VI–VII

Mittlere Höhe: 50 cm

Standort: Sonnig, warm, Boden leicht bis schwer, humos, durchlässig, frisch

Lebensbereiche: Fr2 w = Freiflächen wiesenähnlich

Geselligkeitsstufe: I = einzeln oder in kleinen Trupps von 1–3 Pflanzen

Besondere Hinweise: Kaum Ansprüche an Boden und Standort, Blüten als Tee bei Magenbeschwerden

© Floramedia

Agastache foeniculum N

Anis-Duftnessel

Lamiaceae (Labiatae) – Lippenblütlergewächse

Herkunft: Nordamerika

Wuchs: Horstartig, buschig wachsende Duft- und Heil-/Medizinpflanze, Triebe zu mehreren, aufrecht, wenig verzweigt, gegenständig beblättert

Blatt: Breitlanzettlich, einfach ungeteilt, Rand gesägt, aromatisch, grün, sommergrün

Blüte: Klein, lippenförmig, asymmetrisch, röhrig, violett, scheinährig, VII–VIII

Mittlere Höhe: 60 cm

Frucht: Unscheinbar, Nüsschen

Standort: Sonnig, warm, Boden leicht bis mittelschwer, humos, neutral, durchlässig, trocken

Lebensbereiche: Fr1–2 w / B1–2 = Freiflächen wiesenähnlich, teils offen/Beet, Kräuterbeet

Geselligkeitsstufe: I = einzeln oder in kleinen Trupps von 1–3 Pflanzen

Besondere Hinweise: Schutzbedürftig

© Floramedia

Agrimonia eupatoria N

Kleiner Odermennig

Rosaceae – Rosengewächse

Herkunft: Europa, Türkei, Iran, Nordafrika

Wuchs: Horstartig wachsende Heil-/Medizinpflanze, Triebe aufrecht, wechselständig beblättert

Blatt: Unterbrochen gefiedert, Fiederblättchen breitlanzettlich mit Nebenblättchen, unterseits grau behaart, grün

Blüte: Klein, fünf freistehende Kronblätter, radiärsymmetrisch, gelb, scheinährig, VII–VIII

Mittlere Höhe: 50 cm

Standort: Sonnig, warm, Boden leicht bis schwer, humos, durchlässig, trocken bis frisch

Lebensbereiche: Fr1–2 w / GR1–2 = Freiflächen wiesenähnlich, Gehölzrand

Geselligkeitsstufe: II = in kleinen Trupps von 3–5 Pflanzen

Besondere Hinweise: Kaum Ansprüche an Boden und Standort, gegen Magen-Darm-Beschwerden

Weitere Arten und Sorten: *A. procera*, Großer Odermennig

Allium cepa N

Küchenzwiebel, Sommer-Zwiebel

Alliaceae – Lauchgewächse

Herkunft: Vermutlich Asien (Cultivar)

Wuchs: Horstartig, in kurzen Büscheln wachsende Küchen-, Würz- und Heil-/Medizinpflanze

Blatt: Binsenähnlich bis röhrenförmig, aufgeblasen, grundständig, hohl, zugespitzt, tiefgrün

Blüte: Klein, sechs ausgebreitete Kronzipfel, grünlich weiß, endständig, scheindoldig, halbkugelig, VI–VIII

Mittlere Höhe: 40 cm

Standort: Sonnig, warm, Boden leicht bis mittelschwer, humos, durchlässig, frisch

Lebensbereiche: B2 = Beet, Kräuterbeet

Besondere Hinweise: weit verbreitet, wichtige Würze für viele Speisen, medizinische Bedeutung wird allgemein unterschätzt

Weitere Arten und Sorten: *A. fistulosum*, Winter-Zwiebel

© Floramedia

Allium sativum var. *sativum* N

Echter Knoblauch, Zehen-Lauch

Alliaceae – Lauchgewächse

Herkunft: Vermutlich Asien (Cultivar)

Wuchs: Horstartig wachsende Küchen-, Würz- und Heil-/Medizinpflanze, Zwiebel eiförmig, mit zahlreichen „Zehen“, hohe Triebe, Blätter wechselständig, Triebe umfassend

Blatt: Breitlineal, spitz auslaufend, grün

Blüte: Klein, becher- bis glockenförmig, Knospen rötlich, Blüten weiß, doldig, von einem Hüllblatt umgeben

Mittlere Höhe: 80 cm

Frucht: bedeutungslos

Standort: Sonnig, warm, Boden leicht bis mittelschwer, humos, durchlässig, frisch

Lebensbereiche: B2 = Beet, Kräuterbeet

Besondere Hinweise: Wird seit Jahrhunderten als Küchen-, Würz- und Heil-/Medizinpflanze verwendet

Weitere Arten und Sorten: *A. tuberosum*, Schnitt-Knoblauch

© H. Zell in Hortipedia.com

Allium schoenoprasum N

Schnitt-Lauch

Alliaceae – Lauchgewächse

Herkunft: Europa, Türkei, Irak, Kaukasus

Wuchs: Horstartig in kurzen Büscheln wachsende Küchen-, Würzpflanze

Blatt: Binsenähnlich bis röhrenförmig, aufgeblasen, grundständig, hohl, zugespitzt, tiefgrün

Blüte: Klein, röhrenförmig, sechs Kronzipfel, violett, endständig, scheindoldig, halbkugelig, VI–VIII

Mittlere Höhe: 20 cm

Frucht: bedeutungslos

Standort: Sonnig, warm, Boden leicht bis mittelschwer, humos, durchlässig, frisch

Lebensbereiche: B2 = Beet, Kräuterbeet

Besondere Hinweise: Weit verbreitet, wichtige Würze für Suppen und Speisen, medizinische Bedeutung wird unterschätzt

Weitere Arten und Sorten: 'Corsican White', Blüte weiß, 'Forescate', violettpurpurn

© Floramedia

© Floramedia

Allium ursinum **N**

Bär-Lauch

Alliaceae – **Lauchgewächse**

Herkunft: Europa, Kaukasus

Wuchs: Horstartig wachsende Küchen-, Würz- und Heil-/Medizinpflanze, starkwüchsig, Selbstaussaat

Blatt: Breitlanzettlich, einfach ungeteilt, grundständig, aromatisch, grün

Blüte: Klein, sechs, schmale Kronzipfel, fast strahlenförmig, grünlich weiß, Schaft mit endständiger einfacher Dolde, V

Mittlere Höhe: 30 cm

Standort: Halbschattig, schattig bis absonnig, Boden lehmig-humos bis humos, durchlässig, frisch bis feucht

Lebensbereiche: G2–3 / GR2–3 = Gehölz/Gehölzrand

Geselligkeitsstufe: III–IV = in Gruppen von 10–20 Pflanzen, vorwiegend flächig

Besondere Hinweise: Blätter können im Frühling zu kulinarischen Zwecken vielfältig verwendet werden

Weitere Arten und Sorten: *A. victorialis*, Allermannsharnisch, auf Naturstandorten, als Heilpflanze bekannt und verwendet

© Floramedia

Aloysia triphylla **N**

Zitronenstrauch

Verbenaceae – **Eisenkrautgewächse**

Herkunft: Südamerika

Wuchs: Strauchartig wachsende Heil-/Medizinpflanze

Blatt: Lanzettlich, jeweils drei quirlähnlich pro Nodie, aromatisch, grün

Blüte: Klein, fünf Kronzipfel, weiß, rispig bis rispentraubig, VII–VIII

Mittlere Höhe: 80 cm und höher

Standort: Sonnig, warm, normaler Gartenboden, leicht bis mittelschwer, humos, durchlässig, frisch, meist als Kübelpflanze kultiviert, frostfrei überwintern , da nicht winterhart

Lebensbereiche: B2 = Beet, Kräuterbeet

Besondere Hinweise: Blätter als Tee und für Teemischungen

© Floramedia

Althaea officinalis **N**

Echter Eibisch

Malvaceae – **Malvengewächse**

Herkunft: Europa, Türkei, Syrien, Kaukasus, Sibirien, Mittelasien

Wuchs: Horstartig wachsende Heil-/Medizinpflanze, vieltriebig, hochtriebig, samtig, grau behaart

Blatt: Rautenförmig, unterschiedlich, drei- bis fünflappig, gebuchtet bis gesägt, wechselständig, graugrün

Blüte: Fast schalenförmig, fünf Kronblätter freistehend bis überlappend, radiärsymmetrisch, weiß bis zartrosa , traubig bis achselständig, VII–IX

Mittlere Höhe: 150 cm

Frucht: Spaltfrucht

Standort: Sonnig, warm, Boden leicht bis mittelschwer, humos, durchlässig, frisch bis feucht

Lebensbereiche: Fr2–3 w / WR3 = Freiflächen wiesenähnlich, Wasserrand

Geselligkeitsstufe: I = einzeln oder in kleinen Trupps von 1–3 Pflanzen

Besondere Hinweise: Bei Entzündungen innerer Organe, Mund- und Rachenhöhle, Husten; Eibisch-Sirup aus den Wurzeln ist ein altes Heilmittel

Anethum graveolens var. *hortorum* N

Garten-Dill

Apiaceae (Umbelliferae) – Doldengewächse (Doldenblütler)

Herkunft: Besonders aromatische Varietät; Art aus Südwestasien, Indien, Nordafrika, naturiert in Teilen Europas
Wuchs: Horstrartig wachsende Heil-/Medizin- und Würzpflanze, einjährig, Triebe aufrecht, verzweigt, beblättert, bläulich bereift
Blatt: Zusammengesetzt, feinzerteilt, feingliedrig, sehr aromatisch, bereift, grün bis bläulich grün
Blüte: Klein, unscheinbar, grünlich gelb, mehrstrahlige, flache Dolde, VII–VIII
Mittlere Höhe: 150 cm
Frucht: Samen geflügelt
Standort: Sonnig, warm, Boden leicht bis mittelschwer, humos, durchlässig, frisch
Lebensbereiche: B2 = Beet, Kräuterbeet
Besondere Hinweise: Blätter zu Fischgerichten, Gurken-Kartoffelsalat und anderen Salaten, Samen finden Verwendung in Backwaren
Weitere Arten und Sorten: Wenig verbreitete Sorten sind 'Dukat', 'Sowa' und 'Vierling'

© H. Götz

Angelica archangelica N

Echte Engelwurz

Apiaceae (Umbelliferae) – Doldengewächse (Doldenblütler)

Herkunft: Niederlande, Nordeuropa, Skandinavien, Osteuropa, Sibirien, Kaukasus
Wuchs: Horstartig wachsende Heil-/Medizinpflanze, Blätter grundständig, ausladend, Triebe hoch, verzweigt
Blatt: Zusammengesetzt, groß, ausgebreitet, grundständig, Umriss dreieckig, Segmente unterschiedlich, grün
Blüte: Klein, unscheinbar, grünlich weiß, mehrstrahlige, gewölbte Dolde, schirmförmig, VII–VIII
Mittlere Höhe: 200 cm
Standort: Sonnig, Boden leicht bis mittelschwer, humos, durchlässig, frisch bis feucht
Lebensbereiche: Fr2–3 w = Freiflächen wiesenähnlich, teils offen
Besondere Hinweise: Appetitanregend, verdauungsfördernd
Weitere Arten und Sorten: *A. sylvestris*, Heimische Wald-Engelwurz

© Floramedia

Anthriscus cerefolium N

Echter Kerbel

Apiaceae (Umbelliferae) – Doldengewächse (Doldenblütler)

Herkunft: Westasien bis Ostmediterran, in Europa eingebürgert, teils verwildert
Wuchs: Horstartig wachsende Heil-/Medizin- und Würzpflanze, einjährig, Triebe hin und her gebogen
Blatt: Zwei- bis dreifach gefiedert, gestielt, grundständig, ausgebreitet, aromatisch, grün
Blüte: Klein unscheinbar, weiß, drei- bis sechsstrahlige Dolde ohne Hüllblätter, VI–VIII
Mittlere Höhe: 40 cm
Standort: Sonnig, warm, Boden leicht bis mittelschwer, humos, durchlässig, trocken
Lebensbereiche: Fr1 w / B1 = Freiflächen wiesenähnlich, teils offen/Beet, Kräuterbeet
Besondere Hinweise: Blätter zu Fischgerichten, Eierspeisen, Salaten, Mayonnaisen, appetitanregend, verdauungsfördernd

© Floramedia

© Floramedia

Apium graveolens var. *rapaceum* **N**

Knollen-Sellerie, Wurzel-Sellerie

Apiaceae (Umbelliferae) – Doldengewächse (Doldenblütler)

Herkunft: Angebaut werden nur Cultivars, die geschützte Art *Apium graveolens* der nördlichem Halbkugel wird nicht verwendet
Wuchs: Heil-/Medizin- und Würzpflanze, Knolle mit ausgebreitetem Blattbusch
Blatt: Langgestielt, gefiedert, Segmente mehrteilig, tief eingeschnitten, aromatisch, grün
Blüte: Ohne Bedeutung
Mittlere Höhe: 40 cm
Standort: Sonnig, warm, Boden leicht bis mittelschwer, humos, durchlässig, frisch
Lebensbereiche: B2 = Beet, Kräuterbeet
Besondere Hinweise: Blätter als Würze, Knollen für Salate und als Gemüse, harntreibend

© Floramedia

Artemisia absinthium **N**

Echter Wermut

Asteraceae (Compositae) – Asterngewächse (Korbblütler)

Herkunft: Südeuropa, Türkei, Kaukasus, Iran
Wuchs: Duft-, Würz-, Heil-/Medizinpflanze, findet auch als Zierpflanze Verwendung
Blatt: Gefiedert, fiederartig, feinzerteilt, tief eingeschnitten, aromatisch, weiß (silbrig)
Blüte: Kleine Blumen, körbchenartig, unscheinbare, gelbliche Röhrenblüten, ohne Zungenblüten, rispig, VII–IX
Mittlere Höhe: 80–100 cm
Standort: Sonnig, warm, Boden leicht bis mittelschwer, humos, durchlässig, auch steinig, eher trocken
Lebensbereiche: Fr1 w / St1, FS1 = Freiflächen wiesenähnlich/Steinanlagen, Felssteppen
Geselligkeitsstufe: I = einzeln oder in kleinen Trupps von 1–3 Pflanzen
Besondere Hinweise: Frisch und getrocknet, in kleinen Mengen, als Würze für fette Speisen und Fleischgerichte

© Floramedia

Artemisia dracunculus **N**

Estragon

Asteraceae (Compositae) – Asterngewächse (Korbblütler)

Herkunft: Süd- bis Westeuropa, China, Russland, Mittelasien
Wuchs: Horstartig wachsende alte Würzpflanze, Triebe verholzend, aufrecht, oft stark verzweigt
Blatt: Lineal bis lineallanzettlich, aromatisch, grün
Blüte: Unscheinbar, ohne Bedeutung
Mittlere Höhe: 100 cm
Standort: Sonnig, warm, Boden leicht bis mittelschwer, humos, durchlässig, frisch
Lebensbereiche: B2 = Beet, Kräuterbeet
Geselligkeitsstufe: I = einzeln oder in kleinen Trupps von 1–3 Pflanzen
Besondere Hinweise: Mehrere Klone im Handel, nur Pflanzen aus vegetativer Vermehrung garantieren ein gutes Aroma
Weitere Arten und Sorten: Russischer Estragon mit sehr herbem Aroma, deutscher Estragon mit bittersüßem Aroma, französischer Estragon mit leicht würzigem Aroma

Artemisia vulgaris N

Gewöhnlicher Beifuß

Asteraceae (Compositae) – Asterngewächse (Korbblütler)

Herkunft: Europa bis Asien, Nordamerika

Wuchs: Horstartig wachsende Heil-/Medizin- und Würzpflanze, Triebe aufrecht, etwas verholzend, verzweigt

Blatt: Gefiedert bis fiederteilig, grün, unterseits weiß, filzig behaart, schwach aromatisch

Blüte: Kleine Blumen, körbchenartig, unscheinbare, gelbliche Röhrenblüten, ohne Zungenblüten, rispig, VII–IX

Mittlere Höhe: 150 cm

Standort: Sonnig, warm, Boden leicht bis mittelschwer, humos, durchlässig, auch steinig, eher trocken

Lebensbereiche: Fr1 w = Freiflächen wiesenähnlich, teils offen

Besondere Hinweise: Anspruchslos, anpassungsfähig, oft in Krautfluren, an Wegrändern, in Brachland, meist als Tee bei Magen-Darm-Beschwerden

© Floramedia

Borago officinalis N

Borretsch, Gurkenkraut

Boraginaceae – Raublattgewächse (Boretschgewächse)

Herkunft: Kleinasien; in Europa naturiert und verwildert

Wuchs: Horstartig wachsende Würzpflanze, buschig bis dichtbuschig, einjährig

Blatt: Lanzettlich, rau behaart bis drüsig, wechselständig, grün

Blüte: Ansehnlich, mit fünf ausgebreiteten Kronblättern, blau, wickeltraubig, VII–VIII

Mittlere Höhe: 50 cm

Standort: Sonnig, warm, Boden leicht bis mittelschwer, humos, durchlässig, auch steinig, frisch bis feucht

Lebensbereiche: Fr2 w / B2 = Freiflächen wiesenähnlich, teils offen/Beet, Kräuterbeet

Besondere Hinweise: Anspruchslos, anpassungsfähig, Selbstaussaat, oft in Krautfluren, Wegränder, Brachland, frische Blätter für Salate, Fischgerichte und Eierspeisen

© Floramedia

Calendula officinalis N

Ringelblume

Asteraceae (Compositae) – Asterngewächse (Korbblütler)

Herkunft: Unbekannt; in Europa eingebürgert

Wuchs: Horstartig wachsende Heil-/Medizinpflanze, ein- bis zweijährig, Triebe niederliegend bis aufrecht

Blatt: Zungen- bis spatelförmig, kahl, wechselständig, grün

Blüte: Blumen einzeln, körbchenartig, Zungenblüten strahlenförmig, radiärsymmetrisch, tiefgelb, VI–X

Mittlere Höhe: 30 cm

Standort: Sonnig, warm, Boden leicht bis mittelschwer, humos, durchlässig, frisch

Lebensbereiche: B2 = Beet, Kräuterbeet

Besondere Hinweise: Anspruchslos, anpassungsfähig, Selbstaussaat, oft in Bauern- und Kräutergärten

© H. Götz

© Floramedia

Chamaemelum nobile (syn. *Anthemis nobilis*) N

Römische Scheinkamille, Teppichkamille

Asteraceae (Compositae) – Asterngewächse (Korbblütler)

Herkunft: Mittelmeergebiet, Südeuropa

Wuchs: Mattenartig bis kriechend wachsende Heil-/Medizinpflanze, kurztriebig, an den Trieben wurzelnd

Blatt: Fiederspaltig, feingliedrig, im Umriss länglich, aromatisch, grün

Blüte: Blumen einzeln, körbchenartig, Zungenblüten strahlenförmig, radiärsymmetrisch,, weiß, Röhrenblüten gelb, VI–VIII

Mittlere Höhe: 20 cm

Standort: Sonnig, warm, Boden leicht bis mittelschwer, humos, durchlässig, auch steinig, trocken

Lebensbereiche: St1 / FS1 = Steinanlagen/Felssteppen

Besondere Hinweise: Zur Heilung von Entzündungen

Weitere Arten und Sorten: 'Pena', Blumen gefüllt mit zahlreichen Zungenblüten, Röhrenblüten nicht sichtbar. 'Treneague', Duftrasen, blüht nicht

© Floramedia

Cochlearia officinalis N

Echtes Löffelkraut

Brassicaceae (Cruciferae) – Kreuzblütler

Herkunft: Mittel- und Nordeuropa

Wuchs: Kleine Horste bildende Heil-/Medizinpflanze, rosettenartig, zweijährig bis staudig

Blatt: Rundlich bis herzförmig, kurz gestielt, grün, wintergrün

Blüte: Klein, kreuzförmig, vier Kronblätter, weiß, kurztriebig, achselständig bis traubig, VI–VIII

Mittlere Höhe: 20 cm

Standort: Sonnig, warm, Boden leicht bis mittelschwer, humos, durchlässig, auch steinig, frisch bis feucht

Lebensbereiche: WR2–3 / Fr2–3 w = Wasserrand/Freiflächen wiesenähnlich, teils offen

Besondere Hinweise: Bachufer, Quellfluren, ohne Gartenwert, im Frühjahr frische Blätter ernten, erfrischend, mit hohem Vitamin-C-Gehalt

© Floramedia

Coriandrum sativum N

Koriander

Apiaceae (Umbelliferae) – Doldengewächse (Doldenblütler)

Herkunft: Nordafrika, Vorderasien

Wuchs: Horstartig wachsende, alte Heil-/Medizin- und Würzpflanze, fleischige Pfahlwurzel, Triebe aufrecht ohne grundständigen Blattschopf, einjährig

Blatt: Langgestielt, teils einfach ungeteilt, gefiedert bis fiederschnittig, grün

Blüte: Klein, unscheinbar, asymmetrisch, weiß, einfache, mehrstrahlige Dolde, VI–VIII

Mittlere Höhe: 50 cm

Standort: Sonnig, warm, Boden leicht bis mittelschwer, humos, durchlässig, frisch

Lebensbereiche: B2 = Beet, Kräuterbeet

Besondere Hinweise: Einzeln oder gemischt mit Anis, Fenchel und Kümmel zum Würzen von Krautgerichten und anderen Speisen, Heilwirkung wie bei den genannten Doldenblütlern

Carum carvi N

Wiesen-Kümmel

Apiaceae (Umbelliferae) – Doldengewächse (Doldenblütler)

Herkunft: Europa bis Asien, Nordafrika

Wuchs: Heil-/Medizin- und Würzpflanze, meist zweijährig, Wurzel rübenartig, Triebe aufrecht gefurcht, oben ästig verzweigt

Blatt: Fiederteilig, bogig geneigt, im Umriss länglich bis eiförmig, grün

Blüte: Klein, unscheinbar, weiß, mehrstrahlige, gewölbte Dolde, VI–VIII

Mittlere Höhe: 80 cm

Standort: Sonnig, warm, Boden leicht bis mittelschwer, humos, durchlässig, auch steinig, trocken bis frisch

Lebensbereiche: Fr1 w / GR1 w = Freiflächen wiesenähnlich, teils offen/Gehölzrand

Besondere Hinweise: Auf Verwechslungen mit anderen Doldenblütlern achten, Blätter und Samen zum Würzen verschiedener Gerichte und Gebäck, Heilwirkung bei Blähungen und Verdauungsstörungen

© Floramedia

Eruca sativa N

Öl-Rauke, Rukola

Brassicaceae (Cruciferae) – Kreuzblütler

Herkunft: Südeuropa, Türkei, Kaukasus, Iran

Wuchs: Horstartig wachsendes Küchen- und Würzkraut, rosettenartig breit bis aufrecht, ein- bis zweijährig

Blatt: Grundständig, eierförmig bis fiederspaltig, gelappt, grün

Blüte: Klein, kreuzförmig, vier Kronblätter, gelblich weiß, kurztriebig, achselständig bis traubig, V–VI

Mittlere Höhe: 20 cm

Standort: Sonnig, warm, Boden leicht bis mittelschwer, humos, durchlässig, frisch

Lebensbereiche: B2 = Beet, Kräuterbeet

Besondere Hinweise: Küchen- und Würzkraut, Blätter für Salate oder pur mit Parmesankäse und Tomaten

© Floramedia

Foeniculum vulgare N

Gewöhnlicher Fenchel

Apiaceae (Umbelliferae) – Doldengewächse (Doldenblütler)

Herkunft: Europa bis Asien

Wuchs: Horstartig wachsende Heil-/Medizin- und Würzpflanze, rübenartige Wurzel, aufrecht, ein- bis mehrtriebig, verzweigt, zweijährig bis staudig

Blatt: Feinzerteilt, feingliedrig, fiederartig, aromatisch, wechselständig, grün

Blüte: Klein, unscheinbar, gelb, Triebe ästig verzweigt, mehrstrahlige, flache Dolde, ohne Hüllblättchen

Mittlere Höhe: 150 cm

Standort: Sonnig, warm, Boden leicht bis mittelschwer, humos, durchlässig, frisch

Lebensbereiche: Fr2 b / B2 = Freiflächen beetähnlich/Beet, Kräuterbeet

Weitere Arten und Sorten: 'Atropurpureum', Rotblättriger Garten-Fenchel

© Floramedia

© www.stauden-stade.de

Fragaria vesca var. *vesca* N

Wald-Erdbeere

Rosaceae – Rosengewächse

Herkunft: Europa bis Asien

Wuchs: Rosettenartig wachsende Frucht- und Heil-/Medizinpflanze, halbkugelig, mit zahlreichen Ausläufern

Blatt: Dreiteilig, grundständig, Segmente oval, grün, wintergrün

Blüte: Klein, schalenförmig, weiß, radiärsymmetrisch, fünf Kronblätter, kurztriebig, wenigblütige Scheindolde, IV–VI

Mittlere Höhe: 15 cm

Frucht: Nüsschen, eingebettet in die Scheinbeere

Standort: Sonnig bis schattig, Boden leicht bis mittelschwer, humos, durchlässig, frisch

Lebensbereiche: G2 / GR2 = Gehölz/Gehölzrand

Geselligkeitsstufe: III–IV = in größeren Gruppen von 10–20 Pflanzen, auch flächig

Besondere Hinweise: Anspruchslos an Boden und Standort, alte Heilpflanze, Heilwirkung der Blätter heute ohne größere Bedeutung

Weitere Arten und Sorten: *F. vesca* var. *semperflorens* mit Gartensorten ('Alexandria', 'Rügen' u. a.) blühen und fruchten über einen längeren Zeitraum, V–X

© Floramedia

Galium odoratum N

Waldmeister

Rubiaceae – Krappgewächse, Rötegewächse

Herkunft: Europa bis Asien

Wuchs: Locker horstartig wachsende Heil-/Medizin- und Würzpflanze, Ausläufer unterirdisch kriechend, Triebe vierkantig, aufrecht

Blatt: Schmallanzettlich, in mehreren Quirlen übereinander, sechs bis zehn pro Quirl, aromatisch, grün

Blüte: Klein, kronröhrig mit vier ausgebreiteten Kronzipfeln, weiß, in endständiger Trugdolde, IV–V

Mittlere Höhe: 20 cm

Frucht: Mit hakigen Borsten

Standort: Halbschattig, schattig bis absonnig, Boden lehmig-humos bis humos, kalkhaltig, durchlässig, frisch

Lebensbereiche: G2 / GR2 = Gehölz/Gehölzrand

Geselligkeitsstufe: III = in größeren Gruppen von 10–20 Pflanzen

Besondere Hinweise: Vielseitige Verwendung. Zur Aromatisierung von Maibowle und Fruchtsäften, getrocknet für Teemischungen bei Leber- und Darmstörungen

© Floramedia

Helichrysum italicum N

Currykraut

Asteraceae (Compositae) – Asterngewächse (Korbblütler)

Herkunft: Südeuropa, Balkan, Iberische und Apenninen-Halbinsel, Balkan

Wuchs: Horstartig bis buschig wachsende Duft- und Würzpflanze, verholzend, schutzbedürftiger Halbstrauch

Blatt: Lineal bis lineallanzettlich, fein behaart, flaumig, filzig, aromatisch, grauweiß

Blüte: Klein, körbchenartig, nur Röhrenblüten ohne Zungenblüten, gelb, VI–VII

Mittlere Höhe: 40 cm

Standort: Sonnig, warm, Boden leicht bis mittelschwer, humos, durchlässig, frisch

Lebensbereiche: B2 = Beet, Kräuterbeet

Besondere Hinweise: Nur als Würzkraut, z. B. für Currysoße, meist als Kübelpflanze, schutzbedürftig, frostfrei überwintern

Hypericum perforatum N

Tüpfel-Johanniskraut

Clusiaceae (Guttiferae) – Johanniskrautgewächse, Hartheugewächse

Herkunft: Europa bis Asien, Nordafrika

Wuchs: Horstartig bis buschig wachsende Heil-/Medizinpflanze, mehrere aufrechte, verholzende, zweikantige Triebe, oben ästig verzweigt

Blatt: Länglich, oval, derb, lederig, grün, durchscheinend mit sichtbaren, kleinen Öldrüsen

Blüte: Sternförmig mit fünf ausgebreiteten Kronzipfeln, gelb, doldenrispig, VII–IX

Mittlere Höhe: 60 cm

Standort: Sonnig, warm, Boden leicht bis mittelschwer, humos, durchlässig, trocken bis frisch

Lebensbereiche: Fr1–2 w = Freiflächen wiesenähnlich, teils offen

Besondere Hinweise: Anspruchslos an Boden und Standort, leicht zu verwenden, gut verträglich, beruhigende Wirkung auch als Antidepressivum

© Floramedia

Hyssopus officinalis N

Apotheker-Ysop

Lamiaceae (Labiatae) – Lippenblütlergewächse

Herkunft: Südeuropa, Nordafrika, Türkei, Kaukasus, Iran

Wuchs: Horstartig bis buschig wachsende Heil-/Medizin- und Würzpflanze, Triebe aufrecht, vierkantig, etwas verholzend, wenig verzweigt

Blatt: Schmallanzettlich, sitzend, gegenständig, sehr aromatisch, grün, wintergrün

Blüte: Klein, lippenförmig, disymmetrisch, einseitswendig, scheinährig, etagen- bis quirlartig, violettblau, VII–VIII

Mittlere Höhe: 40 cm

Standort: Sonnig, warm, Boden leicht bis mittelschwer, humos, durchlässig, auch steinig, trocken

Lebensbereiche: St1 / Fr1 = Steinanlagen/Freiflächen

Besondere Hinweise: Heilwirkung begrenzt, als Würze mit würzig-bitterem Aroma zu Fleisch, Soßen, Salaten und Quark

Weitere Arten und Sorten: 'Albus', weiß blühend, und 'Roseus' werden als Gartenpflanzen angeboten

© Floramedia

Lavandula angustifolia (L. officinalis; L. spica; L. vera) *

Echter Lavendel, Schmalblättriger Lavendel

Lamiaceae (Labiatae) – Lippenblütlergewächse

Herkunft: Iberische Halbinsel, Südfrankreich

Wuchs: Horstartig bis buschig wachsende Heil-/Medizin- und Würzpflanze, vieltriebig, aufrecht, etwas verholzend, wenig verzweigt

Blatt: Schmallanzettlich, sitzend, gegenständig bis kreuzgegenständig, sehr aromatisch, graugrün, wintergrün

Blüte: Klein, lippenförmig, scheinährig, etagen- bis quirlartig, violett, VII–VIII

Mittlere Höhe: 40 cm

Frucht: Kleine, unscheinbare Nüsschen

Standort: Sonnig, warm, Boden leicht bis mittelschwer, humos, durchlässig, auch steinig, trocken

Lebensbereiche: St1 / Fr1 w, B1 = Steinanlagen/Freiflächen, Beet, Kräuterbeet

Besondere Hinweise: Durch Rückschnitt im ein- bis zweijährigen Rhythmus kompakt halten und Vergreisung vorbeugen, beruhigende Wirkung, Verwendung meist als Duftkräuter

© Floramedia

© Floramedia

Levisticum officinale N

Liebstöckel, Maggikraut

Apiaceae (Umbelliferae) – Doldengewächse (Doldenblütler)

Herkunft: Iran; in Europa teilweise eingebürgert
Wuchs: Würzpflanze, nur begrenzte medizinische Wirkung, Wurzeln verdickt, Blätter grundständig, langgestielt, Triebe teils hohl, etwas verzweigt
Blatt: Gefiedert, fiederartig, tief eingeschnitten, aromatisch, dunkelgrün
Blüte: Klein, unscheinbar, mehrstrahlige, flache Dolde, grünlich gelb, VII–VIII
Mittlere Höhe: 150 cm
Standort: Sonnig, warm, Boden leicht bis mittelschwer, humos, durchlässig, auch steinig, frisch
Lebensbereiche: Fr2 w / B2 = Freiflächen wiesenähnlich, teils offen/Beet, Kräuterbeet
Besondere Hinweise: Heilwirkung begrenzt, als Würzkraut zum Würzen von Suppen, Salaten, Soßen u. a. gut geeignet

© Floramedia

Melissa officinalis N

Zitronen-Melisse

Lamiaceae (Labiatae) – Lippenblütlergewächse

Herkunft: Mittelmeergebiet, Südeuropa, Balkan, Türkei, Kaukasus; in Teilen Europas eingebürgert
Wuchs: Horstartig, buschig bis locker buschig wachsende Heil-/Medizin- und Würzpflanze, vieltriebig, kurze Ausläufer, aufrecht, wenig verzweigt, Selbstaussaat
Blatt: Breitlanzettlich, gegenständig, aromatisch, Rand gekerbt, grün, sommergrün
Blüte: Klein, lippenförmig, scheinährig, etagen- bis quirlartig, weiß, VII–VIII
Mittlere Höhe: 50 cm
Standort: Sonnig, warm, Boden leicht bis mittelschwer, humos, durchlässig, auch steinig, frisch
Lebensbereiche: Fr2 w / GR2, Beet2 = Freiflächen/Gehölzrand, Beet, Kräuterbeet
Besondere Hinweise: Frische Blätter als Würze für Suppen, Salate, Soßen, Gemüse, feingehackt in Weichkäse, Tee zur Beruhigung und bei Schlafstörungen
Weitere Arten und Sorten: 'Aureovariegata', ('Variegata'), Blätter grün mit unregelmäßig breitem gelbem Rand; 'Allgold', Blätter gelb; 'Golden Leaf', Blätter gelb, sonst wie die Art

© Floramedia

Mentha x piperita N

Pfeffer-Minze

Lamiaceae (Labiatae) – Lippenblütlergewächse

Herkunft: Kreuzung/Auslese aus *M. aquatica* x *M. spicata*
Wuchs: Locker horstartig wachsende Heil-/Medizin- und Duftpflanze, unter- und oberirdische Ausläufer bildend, Triebe aufrecht, oben ästig verzweigt, vierkantig
Blatt: Lanzettlich bis breitlanzettlich, kreuzgegenständig, aromatisch grün
Blüte: Klein, lippenförmig, zweilippig, rundum stehend, scheinährig, etagen- bis quirlartig, violettrosa, VII–IX
Mittlere Höhe: 50 cm
Standort: Sonnig, warm, Boden leicht bis mittelschwer, humos, durchlässig, frisch
Lebensbereiche: Fr2 w / GR2, B2 = Freiflächen/Gehölzrand, Beet, Kräuterbeet
Besondere Hinweise: Beliebtes Hausmittel, als Tee und in Teemischungen gegen Magenschwäche, Darmbeschwerden, feingehackt über Suppen, Salate, Gemüse, Quark und Weichkäse
Weitere Arten und Sorten: 'Mitcham', Englische Minze, sehr bekannte Sorte, weitere Sorten sind 'Bergamotte', Bergamot-Minze, 'Chocolate', Schokoladen-Minze, 'Variegata', Buntblättrige Minze

Mentha spicata N

Gewöhnliche Grüne Minze

Lamiaceae (Labiatae) – Lippenblütlergewächse

Herkunft: Herkunft nicht geklärt

Wuchs: Horstartig bis locker horstartig wachsende Heil-/Medizinpflanze, buschig, reichlich Ausläufer bildend, Triebe oben ästig verzweigt

Blatt: Lanzettlich, sitzend bis kurz gestielt, kreuzgegenständig, stark aromatisch, grün

Blüte: Klein, lippenförmig, zweilippig, rundum stehend, scheinährig, etagen- bis quirlartig, violett, VII–IX

Mittlere Höhe: 50 cm

Standort: Sonnig, warm, Boden leicht bis mittelschwer, humos, durchlässig, frisch

Lebensbereiche: Fr2 w / GR2 = Freiflächen wiesenähnlich, teils offen/Gehölzrand

Weitere Arten und Sorten: Von *M. spicata* werden in Gärtnereien, meist nach Herkünften, Aromen oder Aussehen benannte Sorten angeboten, z. B. 'Crispa', Krause Minze; 'Maroccan', 'Spearmint', 'Swiss'

© H. Götz

Meum athamanticum *

Gewöhnliche Bärwurz

Apiaceae (Umbelliferae) – Doldengewächse (Doldenblütler)

Herkunft: Europa

Wuchs: Horstartig wachsende Heil-/Medizin- und Würzpflanze, Triebe aufrecht, wenig verzweigt

Blatt: Grundständig, langgestielt, ausgebreitet, zusammengesetzt, fiederartig, feinzerteilt, weich, aromatisch, grün

Blüte: Klein, unscheinbar, endständige, mehrstrahlige, leicht gewölbte Dolde, weiß, VI–VII

Mittlere Höhe: 40 cm

Standort: Sonnig, nährstoffarmer Boden, schwach sauer, leicht bis mittelschwer, humos, auch mineralisch, durchlässig, frisch

Lebensbereiche: Fr2 w / GR2, B2 = Freiflächen wiesenähnlich, teils offen/Gehölzrand, Beet, Kräuterbeet

Besondere Hinweise: Feines an Dill und Fenchel erinnerndes Aroma, Wurzeln werden mit Alkohol angesetzt

© Floramedia

Monarda didyma N

Indianernessel, Bergamot

Lamiaceae (Labiatae) – Lippenblütlergewächse

Herkunft: USA

Wuchs: Horstartig wachsende Heil-/Medizin- und Duftpflanze, buschig bis dichtbuschig, Triebe aufrecht, vierkantig

Blatt: Breitlanzettlich, gegenständig, fein behaart bis drüsig, aromatisch, grün, sommergrün

Blüte: Klein, lippenförmig, zweilippig, asymmetrisch, mehrblütig endständig, auch etagen- bis quirlartig, rot, VI–VII

Mittlere Höhe: 100 cm

Standort: Halbschattig, schattig, auch absonnig, Boden lehmig-sandig, humos bis sandig-humos, durchlässig, frisch bis feucht

Lebensbereiche: G2–3 / GR2–3 = Gehölz/Gehölzrand

© Floramedia

© Floramedia

Nasturtium officinale *

Brunnenkresse

Brassicaceae (Cruciferae) – Kreuzblütler

Herkunft: Europa bis Asien
Wuchs: Kriechend, niederliegend bis aufsteigend wachsende Heil- und Würzpflanze
Blatt: Unpaarig gefiedert, Endblatt größer, oval, grün, wintergrün
Blüte: Klein, einfach, kreuzförmig, end- und achselständige Scheindolden, VII–VIII
Mittlere Höhe: 30 cm
Standort: Sonnig bis halbschattig, Boden feucht bis dauernass, an Gräben, Ufern und Fließgewässern
Lebensbereiche: WR4–5 = Wasserrand bis Flachwasserzone
Weitere Arten und Sorten: Anpassungsfähig

© Floramedia

Ocimum basilicum N

Basilienkraut, Basilikum

Lamiaceae (Labiatae) – Lippenblütlergewächse

Herkunft: Nicht eindeutig, wahrscheinlich aus Südasien, Südamerika, Brasilien, Indien; verbreitet sind Züchtungen/Auslesen der Art
Wuchs: Horstartig bis buschig wachsende Heil-/Medizin- und Würzpflanze, einjährig bis staudig, nicht winterhart, Triebe aufrecht, dicht beblättert
Blatt: Oval, gestielt, gegenständig, stark aromatisch, tiefgrün
Blüte: Klein, lippenförmig, zweilippig, asymmetrisch, locker scheinährig, etagen- bis quirlartig, weiß bis rosa, VI–VII
Mittlere Höhe: 30 cm
Standort: Sonnig, warm, nährstoffreicher Gartenboden, leicht bis mittelschwer, humos, durchlässig, frisch
Lebensbereiche: B2 = Beet, Kräuterbeet
Besondere Hinweise: Altes Hausmittel, belebendes Suppengrün, verdauungsfördernd, nicht überdosieren
Weitere Arten und Sorten: Es werden diverse Auslesen mit speziellen Aromen und Sorten von unterschiedlichem Wuchs angeboten

© Floramedia

Origanum majorana N

Majoran

Lamiaceae (Labiatae) – Lippenblütlergewächse

Herkunft: Mittelmeergebiet, Arabien, Südwestasien; in Teilen Südeuropa naturiert
Wuchs: Horstartig bis buschig wachsende Würzpflanze, ein- bis zweijährig, Triebe aufrecht, verästelt, drüsig, flaumig behaart, oft rötlich überlaufen
Blatt: Klein, oval bis eiförmig, kurz gestielt, gegenständig, kreuzgegenständig, aromatisch, graugrün
Blüte: Klein, zweilippig, asymmetrisch, doldentraubig bis traubig, achselständig bis endständig, weiß, zartrosa bis hellrot, VII–IX
Mittlere Höhe: 40 cm
Standort: Sonnig, warm, Boden leicht bis mittelschwer, humos, durchlässig, frisch
Lebensbereiche: B1–2 = Beet, Kräuterbeet
Besondere Hinweise: Würze für südländische Gerichte, auch Tomaten, Kürbis, Kartoffeln, Geflügel und Reis, Heilwirkung ist umstritten
Weitere Arten und Sorten: Es sind keine Auslesen/Sorten bekannt

Origanum vulgare N

Gewöhnlicher Dost, Gewöhnlicher Majoran, Oregano

Lamiaceae (Labiatae) – Lippenblütlergewächse

Herkunft: Europa bis Asien

Wuchs: Horstartig bis buschig wachsende Heil-/Medizin- und Würzpflanze, Triebe aufrecht, verästelt, etwas verholzend, drüsig behaart, starkwüchsig

Blatt: Oval bis eiförmig, kurz gestielt, unterschiedlich groß, gegenständig, kreuzgegenständig, aromatisch, grün

Blüte: Klein, zweilippig, asymmetrisch, doldentraubig bis traubig, achselständig bis endständig, hellrosa, VII–IX

Mittlere Höhe: 40 cm

Standort: Sonnig, warm, Boden leicht bis mittelschwer, humos, durchlässig, frisch

Lebensbereiche: Fr1 w / St1, FS1 = Freiflächen wiesenähnlich, teils offen/Steinanlagen, Felssteppen

Besondere Hinweise: Eine sehr aromatische Auslese aus Italien wird als Oregano bezeichnet, dient besonders zum Würzen von Pizzas

Weitere Arten und Sorten: 'Album' Blüten weiß; 'Aureum', Blätter gelb; 'Compactum', 15 cm, dichter kompakter Wuchs; 'Variegatum', Blätter grün mit weißem Rand

© Floramedia

Petroselinum crispum var. *crispum* N

Krause Petersilie, Blatt-Petersilie

Apiaceae (Umbelliferae) – Doldengewächse (Doldenblütler)

Herkunft: Vermutlich aus dem Mittelmeergebiet

Wuchs: Horstartig wachsende Würzpflanze, meist nur zweijährig, Wurzel verdickt

Blatt: Grundständig, gestielt, zusammengesetzt, mehrteilig, gelappt, gewellt, kraus, grün

Blüte: Unscheinbar, ohne Bedeutung

Mittlere Höhe: 20 cm

Standort: Sonnig, warm, Boden nährstoffreich, leicht bis mittelschwer, humos, durchlässig, frisch

Lebensbereiche: B2 = Beet, Kräuterbeet

Weitere Arten und Sorten: 'Smaragd', Garten-Petersilie; *P.c.* var. *tuberosum*, Knollen-Petersilie

© Floramedia

Pimpinella anisum N

Anis

Apiaceae (Umbelliferae) – Doldengewächse (Doldenblütler)

Herkunft: Westasien; naturiert in Teilen Europas

Wuchs: Horstartig wachsende Würzpflanze, einjährig, Wurzel verdickt, Triebe aufrecht, oben ästig verzweigt

Blatt: Wenige grundständig, unpaarig gefiedert, grün

Blüte: Klein, unscheinbar, endständige, mehrstrahlige, flache Dolde, weiß, VII–VIII

Mittlere Höhe: 50 cm

Frucht: Aromatisch

Standort: Sonnig, warm, Boden leicht bis mittelschwer, humos, durchlässig, frisch

Lebensbereiche: B2 = Beet, Kräuterbeet

Besondere Hinweise: Frucht mit Anisaroma

© F oramedia

© H. Götz

Pimpinella major **N**

Große Bibernelle

Apiaceae (Umbelliferae) – Doldengewächse (Doldenblütler)

Herkunft: Europa bis Kaukasus

Wuchs: Horstartig wachsende Würzpflanze, einjährig, Wurzel verdickt, Triebe aufrecht, deutlich gerillt, oben ästig verzweigt

Blatt: Wenige grundständig, auch die Triebblätter unpaarig gefiedert, Rand gesägt, grün

Blüte: Klein, unscheinbar, endständige, mehrstrahlige, flache Dolde, Blütenfarbe variabel von weiß bis rosa, VII–VIII

Mittlere Höhe: 40–80 cm

Standort: Sonnig, warm, Boden leicht bis mittelschwer, humos, durchlässig, frisch

Lebensbereiche: Fr2 w / B2 = Freiflächen wiesenähnlich, teils offen/Beet, Kräuterbeet

Besondere Hinweise: Die Wurzel wird offizinell bei Bronchitis und Asthma verwendet

© H. Götz

Rheum officinale **N**

Apotheker-Rhabarber

Polygonaceae – Knöterichgewächse

Herkunft: Tibet, Südwestchina; in Europa feldmäßiger Anbau

Wuchs: Horstartig wachsende Heilpflanze, staudig, Wurzeln verdickt

Blatt: Grundständig, lang gestielt, groß, ausgebreitet, Rand tief eingeschnitten, grün

Blüte: Unscheinbar, ohne Bedeutung

Mittlere Höhe: Blatt 60 cm, Blütenhöhe bis 200 cm

Standort: Sonnig, Boden leicht bis mittelschwer, humos, durchlässig, frisch

Lebensbereiche: Fr2 w / B2 = Freiflächen wiesenähnlich, teils offen/Beet, Kräuterbeet

Besondere Hinweise: Tee aus Wurzelstücken als Abführmittel, bei Magen-Darm-Katarrhen

© Floramedia

Rosmarinus officinalis **N**

Rosmarin

Lamiaceae (Labiatae) – Lippenblütlergewächse

Herkunft: Mittelmeergebiet, weiter nördlich in Weinbaugebieten eingebürgert, Türkei

Wuchs: Heil-/Medizin- und Würzpflanze, kleiner Strauch, schutzbedürftig, frostfrei überwintern

Blatt: Lineal, schmal, am Rand etwas nach unten eingerollt, aromatisch, dunkelgrün

Blüte: Klein, achselständig, lippenförmig, hellviolett, V–VI

Mittlere Höhe: Bis 100 cm

Standort: Sonnig, warm, in geschützter Lage, Boden leicht bis mittelschwer, humos, durchlässig, frisch

Lebensbereiche: B2 = Beet, Kräuterbeet

Besondere Hinweise: Zum Würzen sparsam verwenden, in der Volksmedizin zum allgemeinen Wohlbefinden, gegen Nervosität und zur besseren Durchblutung, beliebte Kübelpflanze für Wintergärten

Weitere Arten und Sorten: 'Albiflorus', Blüte weiß; 'Blaue Lippe', dunkelblau; 'Prostratus', Wuchs ausgebreitet mattenartig; 'Weihenstephan', relativ harte Auslese

Rumex acetosa var. *hortensis* N

Großer Garten-Ampfer, Sauer-Ampfer

Polygonaceae – Knöterichgewächse

Herkunft: Auslese; Art in Europa, im Kaukasus bis Asien, Japan, Sibirien

Wuchs: Horstartig wachsende Heil-/Medizinpflanze, Blattbusch grundständig, Triebe aufrecht

Blatt: Breitlanzettlich bis spießförmig, grundständig, gehäuft, gestielt, grün

Blüte: Klein, unscheinbar

Mittlere Höhe: Blatt bis 30 cm, Trieb 60 cm und höher

Standort: Sonnig, Boden leicht bis mittelschwer, humos, durchlässig, frisch

Lebensbereiche: B2 = Beet, Kräuterbeet

Besondere Hinweise: Säuerlich schmeckende Blätter

Weitere Arten und Sorten: Die Art *R. acetosa* ist eine Wiesenpflanze; *R. rugosus* ist wahrscheinlich identisch mit der Auslese *R. acetosa* var. *hortensis*

© H. Götz

Ruta graveolens N

Weinraute

Rubiaceae – Krappgewächse, Rötegewächse

Herkunft: Südfrankreich, Iberische- und Apenninenhalbinsel, Balkan, Krim

Wuchs: Horstartig bis buschig wachsende Würz-, Heil-/Medizinpflanze, Triebe aufrecht, etwas verholzend auch kleinstrauchig

Blatt: Zusammengesetzt, unpaarig gefiedert, wechselständig, aromatisch, graugrün

Blüte: Klein, unscheinbar, locker trugdoldig, gelb, VI–VII

Mittlere Höhe: 30 cm

Standort: Sonnig, warm, Boden leicht bis mittelschwer, humos, durchlässig, frisch

Lebensbereiche: St1–2 / FS1–2, B2 = Steinanlagen/Felssteppen, Beet, Kräuterbeet

Besondere Hinweise: Früher häufig verwendet als Würz- und Heilkraut, sparsam verwenden

Weitere Arten und Sorten: 'Jackmann's Blue', Blätter intensiv grüngrau; 'Variegata', Fiederblätter teilweise gelb

© Floramedia

Salvia officinalis *

Echter Salbei, Apotheker-Salbei

Lamiaceae (Labiatae) – Lippenblütlergewächse

Herkunft: Balkanländer

Wuchs: Horstartig, breitbuschig bis kissenartig, wachsende Heil-/Medizin- und Würzpflanze, Triebe aufsteigend, verholzend

Blatt: Oval, kurz gestielt, flaumig behaart, aromatisch, graugrün, wintergrün

Blüte: Klein, zweilippig, etagen- bis quirlartig, scheinährig, violettblau, VII–VIII

Mittlere Höhe: 40 cm

Standort: Sonnig, Boden durchlässig, mittelschwer, leicht kalkhaltig, humos, durchlässig, auch steinig, trocken

Lebensbereiche: Fr1 w / B1, St1, FS1 = Freiflächen wiesenähnlich, teils offen/Beet, Kräuterbeet, Steinanlagen, Felssteppen

Besondere Hinweise: Wintergrüne Würz- und Heilpflanze in Bauern-, Kräuter- und vielen Hausgarten, Blätter zum Würzen von Fleischgerichten, Tee gegen Erkältung

Weitere Arten und Sorten: Sorten als Beetstauden sind 'Alhiflora', Blüten weiß; 'Berggarten', violettblau; 'Icterina', Blätter grün mit Gelb; 'Purpurascens', junge Blätter violettgrau; 'Tricolor', Blätter grün, violettgrau, weiß

© Floramedia

Sanguisorba minor *

Kleiner Wiesenknopf

Rosaceae – Rosengewächse

Herkunft: Ursprünglich aus USA, in weiten Teilen Europas eingebürgert

Wuchs: Horstartig wachsende Heil-/Medizinpflanze, Blattbusch grundständig, Triebe aufrecht, oben wenig verzweigt

Blatt: Länglich oval, unpaarig gefiedert, wechselständig, gestielt, aromatisch, Segmente oval, tiefgrün

Blüte: Klein, unscheinbar, rundum ohne Kronblätter, köpfchenartig, kugelig, grünlich braun, VI–VIII

Mittlere Höhe: 40 cm

Standort: Sonnig, Boden durchlässig, leicht bis mittelschwer, eher nährstoffarm, trocken

Lebensbereiche: Fr1 w = Freiflächen wiesenähnlich, teils offen

Besondere Hinweise: Alte, blutstillende, heute nicht mehr sehr bedeutende Heilpflanze, frische Blätter auch als Salatbeigabe

Sanguisorba officinalis *

Großer Wiesenknopf

Rosaceae – Rosengewächse

Herkunft: Sibirien, Mittelasien; in Mitteleuropa eingebürgert

Wuchs: Horstartig wachsende Heil-/Medizinpflanze, Blattbusch grundständig, Triebe aufrecht, oben ästig verzweigt

Blatt: Länglich, oval, unpaarig gefiedert, wechselständig, gestielt, aromatisch, Segmente oval, tiefgrün

Blüte: Klein, unscheinbar, rundum ohne Kronblätter, mehr walzenförmig, braunrot, VI–VIII

Mittlere Höhe: 80 cm

Standort: Sonnig, Boden lehmig, auch anmoorig bis humos, durchlässig, leicht bis mittelschwer, frisch bis feucht

Lebensbereiche: Fr2–3 w = Freiflächen wiesenähnlich, teils offen

Besondere Hinweise: Alte, blutstillende, heute nicht mehr sehr bedeutende Heilpflanze, frische Blätter auch als Salatbeigabe

Weitere Arten und Sorten: 'Tanna', schöne Auslese auch für den Beetbereich

Satureja hortensis N

Sommer-Bohnenkraut

Lamiaceae (Labiatae) – Lippenblütlergewächse

Herkunft: Südfrankreich, Iberische und Apenninen-Halbinsel, Balkan, Türkei

Wuchs: Horstartig bis buschig wachsende Heil-/Medizin- und Würzpflanze, einjährig, Triebe aufrecht

Blatt: Schmallineal, gegenständig, aromatisch duftend, grün, sommergrün

Blüte: Klein, lippenförmig, scheinährig, achsel-, etagen- bis quirlständig, blassviolett, VII–IX

Mittlere Höhe: 20 cm

Standort: Sonnig, Boden durchlässig, leicht bis mittelschwer, eher nährstoffarm, trocken bis frisch

Lebensbereiche: B1–2 = Beet, Kräuterbeet

Besondere Hinweise: Würze für Hülsenfrüchte, auch Fleisch, verdauungsfördend

Satureja montana subsp. *montana* *

Berg-Bohnenkraut, Winter-Bohnenkraut

Lamiaceae (Labiatae) – Lippenblütlergewächse

Herkunft: Südfrankreich, Iberische und Apenninen-Halbinsel, Balkan, Rumänien, Krim, Türkei

Wuchs: Horstartig bis kleinbuschig wachsende Heil-/Medizin- und Würzpflanze, Triebe aufrecht, verholzend, Halbstrauch

Blatt: Schmallineal, gegenständig, derb, fein behaart, aromatisch duftend, grün, wintergrün

Blüte: Klein, lippenförmig, scheinährig, achsel-, etagen- bis quirlartig, blassviolett, VII–IX

Mittlere Höhe: 30 cm

Standort: Sonnig, Boden durchlässig, leicht bis mittelschwer, auch steinig, eher nährstoffarm, trocken

Lebensbereiche: St1 / FS1 = Steinanlagen/Felssteppen

Weitere Arten und Sorten: 'Purple Savory', Blüte purpurrosa; *S. m.* subsp. *illyrica*, Illyrisches Bohnenkraut, Wuchs kissenförmig, Blüte blauviolett

© B. Bross-Burkhardt

Sedum reflexum (syn. *S. rupestre*) *

Tripmadam

Crassulaceae – Dickblattgewächse

Herkunft: Europa

Wuchs: Kriechend flächig wachsende Würzpflanze, Triebe niederliegend bis leicht aufsteigend, kurztriebig

Blatt: Klein, fast nadelartig, lineal, spitz, etwas sukkulent, graugrün, immergrün

Blüte: Klein, sternförmig, fünf Kronblätter, aufwärts zeigend, mehrblütig, endständig, trugdoldig, tiefgelb, VII–VIII

Mittlere Höhe: 20 cm

Standort: Sonnig, Boden, durchlässig, leicht bis mittelschwer, auch steinig, eher nährstoffarm, trocken

Lebensbereiche: St1 / FS1, B1 = Steinanlagen/Felssteppen, Beet, Kräuterbeet

Besondere Hinweise: Wird gelegentlich als Würze und Garnierung zu Suppen, Salaten und Rindfleisch genommen

Weitere Arten und Sorten: Gartensorten sind 'Angelina', Blätter gelb bis rötlich; 'Cristatum', Triebe verbändert; 'Elegans', Blätter blaugrau

© ESB Basic/Shutterstock.com

Solidago virgaurea *

Echte Goldrute

Asteraceae (Compositae) – Asterngewächse (Korbblütler)

Herkunft: Europa, Türkei, Kaukasus, Mittel- bis Ostasien, Sibirien

Wuchs: Horstartig wachsende Heil-/Medizinpflanze, Blattbusch grundständig, Triebe aufrecht, oft schwärzlich, oben wenig verzweigt

Blatt: Einfach, ungeteilt, lanzettlich, tiefgrün, sommergrün

Blüte: Blumen klein, körbchenartig, Zungenblüten strahlenförmig, Röhrenblüten gelb, traubig achselständig bis rispig, gelb, VIII–IX

Mittlere Höhe: 60 cm

Standort: Sonnig, Boden durchlässig, leicht bis mittelschwer, auch steinig, eher nährstoffarm, trocken

Lebensbereiche: GR1 = Gehölzrand

Besondere Hinweise: Heilwirkung bei Blasen-und Nierenleiden

Weitere Arten und Sorten: Variable, anpassungsfähige Art mit einigen wenig verbreiteten Unterarten

© Floramedia

© Floramedia

Stevia rebaudiana N

Stevie, Süßkraut

Asteraceae (Compositae) – Asterngewächse (Korbblütler)

Herkunft: Südamerika, Paraguay

Wuchs: Horstartig bis buschig wachsende Würzpflanze, einjährig bis staudig, Triebe aufrecht

Blatt: Einfach, ungeteilt, breitlanzettlich, gegenständig, Rand gesägt, grün

Blüte: Blumen klein, körbchenartig, trugdoldig, Zungenblüten weiß

Mittlere Höhe: 40 cm

Standort: Vollsonnig, warm, Boden, durchlässig, leicht bis mittelschwer, trocken bis frisch

Lebensbereiche: B1–2 = Beet, Kräuterbeet

Besondere Hinweise: Seit alters her von Naturvölkern als Süßstoff genutzt

Weitere Arten und Sorten: *Stevia serrata*, staudige, nicht winterharte, wenig verbreitete Art

© Floramedia

Symphytum officinale *

Apotheker-Beinwell

Boraginaceae – Rauhblattgewächse (Boretschgewächse)

Herkunft: Europa, Kaukasus, Mittelasien, Sibirien

Wuchs: Horstartig bis buschig wachsende Heil-/Medizinpflanze, Blattbusch grundständig, Triebe aufrecht, wechselständig beblättert, rau, grün

Blatt: Einfach, ungeteilt, breitlanzettlich, rau, fein behaart bis drüsig, dunkelgrün, sommergrün

Blüte: Blüten klein, röhrenförmig, nickend, vielblütige Wickeltraube, dunkelpurpurn, selten weiß, V–VII

Mittlere Höhe: 80 cm

Standort: Halbschattig bis sonnig, Boden leicht bis mittelschwer, durchlässig, nährstoffreich, frisch bis feucht

Lebensbereiche: Fr2–3 w / GR2–3 = Freiflächen wiesenähnlich, teils offen/Gehölzrand

Besondere Hinweise: Anspruchslos, anpassungsfähig, Beinwellsalbe bei Arthrosen, Durchblutungsstörungen, Gelenkschmerzen und Zerrungen

© Floramedia

Thymus x citriodorus (syn. *T. pulegioides* x *T. vulgaris*) N

Zitronen-Thymian

Lamiaceae (Labiatae) – Lippenblütlergewächse

Herkunft: Als Naturbastard um 1600 eingeführt, heute auch als Cultivar bezeichnet

Wuchs: Locker horstartig bis kissenartig wachsende Heil-/Medizin- und Würzpflanze, Triebe ausgebreitet bis aufgerichtet

Blatt: Klein, elliptisch, aromatisch duftend, grün, immergrün

Blüte: Klein, lippenförmig, kurztriebig, endständig, achsel-, etagen- bis quirlartig, hellviolett, VII–VIII

Mittlere Höhe: 20 cm

Standort: Sonnig, warm, Boden durchlässig, leicht bis mittelschwer, auch steinig, eher nährstoffarm, trocken

Lebensbereiche: St1 / M1 = Steinanlagen/Matten

Besondere Hinweise: Anspruchslos, nach Zitronen duftend

Weitere Arten und Sorten: 'Golden Dwarf', Wuchs kompakt, Blättchen gelblich grün; 'Silver Queen', Blättchen grün, weißgerandet

Thymus serpyllum *

Gewöhnlicher Sand-Thymian

Lamiaceae (Labiatae) – Lippenblütlergewächse

Herkunft: Europa

Wuchs: Teppich- bis mattenartig wachsende Heil-/Medizin- und Würzpflanze, teils an den Trieben wurzelnd

Blatt: Klein, elliptisch, gegenständig, aromatisch duftend, grün, immergrün

Blüte: Klein, lippenförmig, kurztriebig, achsel- bis endständig, etagen- bis quirlartig, rosa bis purpurrosa, VII–VIII

Mittlere Höhe: 5 cm

Standort: Vollsonnig, warm, Boden, durchlässig, leicht bis mittelschwer, auch steinig, eher nährstoffarm, trocken

Lebensbereiche: St1 / MK1, H1 = Steinanlagen/Mauerkronen, Heiden

Besondere Hinweise: Alte Heilpflanze, zur Teebereitung und als Würzkraut verwendet

Weitere Arten und Sorten: Mit mehreren Gartensorten

© Floramedia

Thymus vulgaris N

Echter Thymian, Quendel

Lamiaceae (Labiatae) – Lippenblütlergewächse

Herkunft: Südeuropa

Wuchs: Horstartig bis kleinbuschig wachsende Heil-/Medizinpflanze, kissenartig, Triebe leicht verholzend

Blatt: Klein, lineallanzettlich, gegenständig, aromatisch duftend, graugrün, immergrün

Blüte: Klein, lippenförmig, kurztriebig, achsel- bis endständig, etagen- bis quirlartig, hellviolett, VII–IX

Mittlere Höhe: 25 cm

Standort: Vollsonnig, warm, geschützt, Boden durchlässig, leicht bis mittelschwer, auch steinig, eher nährstoffarm, trocken

Lebensbereiche: St1 / FS1, B1 = Steinanlagen/Felssteppen, Beet, Kräuterbeet

Besondere Hinweise: Alte Heilpflanze, Tee zur Linderung von Husten, Bronchitis und Asthma, krampflösend, als Würzkraut für Braten, Suppen und Marinaden

© Floramedia

Tropaeolum majus N

Echte Kapuzinerkresse

Tropeolaceae – Kapuzinerkressegewächse

Herkunft: Südamerika

Wuchs: Nicht winterharte, einjährige Heil- und Würzpflanze, Triebe lang, niederliegend, auch rankend und kletternd; muss jedes Jahr neu ausgesät werden

Blatt: Rund, schildförmig, langstielig, wechselständig, grün

Blüte: Groß, einzeln, radiärsymmetrisch, ausgebreitet, rückseits mit einem Sporn, gestielt, in vielen Farben, auch mehrfarbig, VII–IX

Standort: Sonnig, Boden leicht bis mittelschwer, humos, nährstoffreich, durchlässig, frisch

Lebensbereiche: B2 = Beet, Kräuterbeet

Besondere Hinweise: Oft in Bauerngärten verbreitet, für medizinische Zwecke gezielter Anbau, Verwendung als Küchenkraut

© Floramedia

© Floramedia

Valeriana officinalis *

Echter Apotheker-Baldrian

Valerianaceae – Baldriangewächse

Herkunft: Europa, Türkei, Kaukasus, Mittel- bis Ostasien, Sibirien
Wuchs: Horstartig wachsende Heil-/Medizinpflanze, Blätter grundständig, Triebe kantig, aufrecht, beblättert, oben ästig verzweigt
Blatt: Länglich, unpaarig gefiedert, gegenständig, sitzend bis kurz gestielt, grün
Blüte: Klein, kronröhrig, fünf, ausgebreitete Kronzipfel, scheindoldig bis doldenrispig, zartrosa bis weiß, VI–VII
Mittlere Höhe: 120 cm
Standort: Sonnig bis halbschattig, Boden leicht bis mittelschwer, humos, durchlässig, frisch bis feucht
Lebensbereiche: Fr2–3 w / GR2–3, B2 = Freiflächen wiesenähnlich, teils offen/ Gehölzrand, Beet, Kräuterbeet
Besondere Hinweise: Bekannte Heilpflanze zur Beruhigung

© Floramedia

Verbascum densiflorum N

Großblütige Königskerze

Scrophulariaceae – Braunwurzgewächse (Rachenblütler)

Herkunft: Europa
Wuchs: Horstartig wachsende Heilpflanze, zweijährig, Blätter grundständig, rosettig, Triebe wollig behaart, beblättert, oben verzweigt
Blatt: Groß, breitlanzettlich, sitzend, am Trieb herablaufend, graugrün
Blüte: Rachenförmig, ausgebreitete Kronblätter, rundum stehend, entlang der Scheinähren Knospen und offene Blüten, gelb, VII–VIII
Mittlere Höhe: 200 cm
Standort: Vollsonnig, warm, Boden, durchlässig, leicht bis mittelschwer, auch steinig, eher nährstoffarm, trocken
Lebensbereiche: Fr1 w = Freiflächen wiesenähnlich, teils offen
Besondere Hinweise: Alte Heilpflanze, Tee aus getrockneten Blüten (Wollblume) als Tee bei Husten, Katarrh, Erkrankung der oberen Luftwege

Alphabetisches Verzeichnis der Stauden nach Lebensbereichen

G1–2 Gehölz, trockener bis frischer Boden

Anemone blanda
Cyclamen coum (syn. *C. coum* ssp. *hiemale*, *C. orbiculatum*)
Cyclamen hederifolium 'Album' (syn. *C. neapolitanum* 'Album')
Dictamnus albus (syn. *D. fraxinella*)
Eranthis hyemalis
Lamiastrum galeobdolon 'Florentinum' (syn. *Lamium argenteum*)
Lamium maculatum 'Chequers'
Lamium orvala
Melica altissima

G2 Gehölz, frischer Boden

Actaea pachypoda (syn. *A. alba*)
Anemone apennina
Anemone nemorosa
Asarum europaeum
Athyrium filix-femina
Athyrium filix-femina 'Minutissimum'
Athyrium niponicum 'Metallicum'
Carex digitata
Carex foliosissima 'Icedance'
Carex montana
Carex ornithopoda 'Variegata'
Carex plantaginea
Carex siderosticta 'Variegata' (syn. *C. siderstich*a 'Variegata')
Carex umbrosa
Corydalis solida
Erythronium dens-canis
Fragaria vesca var. *vesca*
Galanthus nivalis
Hepatica nobilis
Lathyrus vernus
Luzula nivea
Maianthemum bifolium
Pachysandra terminalis
Paeonia-Arten
Poa chaixii
Podophyllum peltatum
Ranunculus ficaria 'Brazen Hussy'
Saxifraga cortusifolia var. *fortunei*
Symphytum grandiflorum
Tellima grandiflora
Tiarella cordifolia
Tiarella laciniata 'Spring Symphony'
Uvularia grandiflora
Vinca major
Vinca minor 'Bowles'
Waldsteinia geoides
Waldsteinia ternata

G2–3 Gehölz, frischer bis feuchter Boden

Adiantum pedatum
Adiantum venustum
Allium ursinum
Astilboides tabularis (syn. *Rodgersia tabularis*)
Blechnum spicant
Carex pendula
Carex sylvatica
Deschampsia cespitosa
Dryopteris affinis
Dryopteris dilatata
Dryopteris erythrosora
Dryopteris filix-mas
Dryopteris filix-mas 'Barnesii'
Epimedium grandiflorum 'Rose Queen'
Epimedium x *versicolor* 'Sulphureum'
Luzula sylvatica
Luzula sylvatica 'Marginata'
Matteuccia struthiopteris
Monarda didyma
Onoclea sensibilis
Osmunda regalis
Pachyphragma macrophylla
Phyllitis scolopendrium (syn. *Asplenium scolopendrium*)
Phyllitis scolopendrium 'Crispa' (syn. *Asplenium scolopendrium* 'Crispum')
Polypodium vulgare
Polystichum aculeatum
Polystichum lonchitis
Polystichum polyplepharum
Polystichum setiferum
Polystichum setiferum 'Plumosum Densum'
Polystichum setiferum 'Proliferum'
Pulmonaria angustifolia 'Azurea' (syn. *P. dacica* 'Azurea')
Pulmonaria officinalis
Pulmonaria saccharata 'Mrs. Moon'
Rodgersia aesculifolia
Rodgersia podophylla
Rodgersia sambucifolia

GR1–2 Gehölzrand, trockener bis frischer Boden

Aconogonon speciosum 'Johanniswolke' (syn. *Polygonum speciosum* 'Johanniswolke')
Anemone sylvestris
Aster divaricatus
Buglossoides purpurocaerulea (syn. *Lithospermum purpurocaeruleum*)
Carex caryophyllea 'The Beatles'
Convallaria majalis 'Grandiflora'
Fallopia japonica var. *compacta* 'Rosea' (syn. *Reynoutria japonica* var. *compacta* 'Rosea')
Geranium endressii
Geranium macrorrhizum 'Spessart'
Hypericum calycinum
Phuopsis stylosa 'Purpurea'
Physalis alkekengi var. *franchetii*
Solidago caesia
Solidago virgaurea

GR2 Gehölzrand, frischer Boden

Arum italicum
Aruncus dioicus (syn. *A. sylvestris*)
Astilbe chinensis var. *pumila*
Astrantia major 'Rosensinfonie'
Bergenia cordifolia 'Eroica'
Bergenia cordifolia 'Silberlicht'
Brunnera macrophylla
Campanula latifolia var. *macrantha*
Clematis x *heracleifolia* 'Mrs. Robert Brydon'
Dicentra eximia
Dicentra spectabilis
Digitalis purpurea
Duchesnea indica
Euphorbia griffithii 'Fireglow'
Fragaria vesca
Gillenia trifoliata
Helleborus niger
Hosta lancifolia
Hosta sieboldiana 'Elegans'
Hystrix patula
Kirengeshoma palmata
Meconopsis cambrica
Omphalodes cappadocica
Omphalodes verna
Phlox stolonifera 'Blue Ridge'
Polygonatum x *hybridum* 'Weihenstephan'
Primula vulgaris subsp. *vulgaris*
Primula x *pruhoniciana* 'Schneewittchen'
Sasaella ramosa (syn. *Sasa pumila*)
Saxifraga x *urbium*
Sesleria heufleriana
Stokesia laevis
Thalictrum delavayi
Tricyrtis hirta
Viola cornuta 'Hansa'
Viola odorata *'Königin Charlotte'*

GR2–3 Gehölzrand, frischer bis feuchter Boden

Ajuga reptans 'Atropurpurea'
Bistorta amplexicaulis 'Atropurpureum' (syn. *Polygonum amplexicaule* 'Atropurpureum')
Chelone obliqua
Cimicifuga racemosa var. *cordifolia*

Cimicifuga ramosa
Hylomecon japonicum
Ligularia dentata 'Desdemona'
Ligularia przewalskii
Ligularia stenocephala 'Weihenstephan'
Lysimachia nummularia
Lysimachia punctata
Primula denticulata
Primula florindae
Primula vialii
Primula x *bullesiana*
Smilacina racemosa
Telekia speciosa
Veronica longifolia (syn. *Pseudolysimachion longifolium*)

Fr1 Freifläche, trockener Boden

Achillea clypeolata
Achnatherum calamagrostis 'Algäu'
Achnatherum calamagrostis 'Lemperg'
Allium sphaerocephalon
Anaphalis triplinervis
Anthriscus cerefolium
Artemisia absinthium
Artemisia vulgaris
Asclepias tuberosa
Aster linosyris
Carum carvi
Crocus speciosus
Crocus tommasinianus
Festuca mairei
Festuca ovina
Festuca ovina 'Blaufuchs'
Geranium sanguineum
Goniolimon tataricum (syn. *Limonium tataricum*)
Helictotrichon sempervirens (syn. *Avena sempervirens*)
Leymus arenarius (syn. *Elymus arenarius*)
Linum narbonense
Origanum vulgare
Phlomis russeliana
Pulsatilla vulgaris
Salvia officinalis
Salvia pratensis
Sanguisorba minor
Stachys byzantina 'Silver Carpet'
Stipa capillata
Stipa gigantea
Stipa pennata
Stipa pulcherrima (syn. *S. barbata* hort.)
Stipa tenuissima (syn. *Nassella tenuissima*)
Verbascum bombyciferum 'Polarsommer'
Verbascum densiflorum
Verbascum olympicum
Veronica spicata
Veronica teucrium
Yucca filamentosa

Fr1–2 Freifläche, trockener bis frischer Boden

Acanthus hungaricus (syn. *A. longifolius, A. balcanicus*)
Adonis vernalis
Agastache foeniculum
Agrimonia eupatoria
Allium aflatunense
Allium giganteum
Allium rosenbachianum
Allium stipitatum
Asphodeline lutea
Bouteloua gracilis (syn. *B. oligostachya*)
Briza media
Bulbocodium vernum
Calamagrostis x *acutiflora* 'Karl Foerster'
Campanula glomerata
Carlina acaulis
Ceratostigma plumbaginoides
Chionodoxa luciliae
Crambe cordifolia
Eremurus robustus
Euphorbia polychroma (syn. *E. epithymoides*)
Gaura lindheimeri
Helianthus salicifolius
Hypericum perforatum
Jasione laevis 'Blaulicht'
Limonium latifolium
Lotus corniculatus 'Pleniflorus'
Malva alcea
Malva moschata
Matricaria caucasica (syn. *Tripleurospermum caucasicum*)
Muscarin botryoides
Narcissus jonquilla
Ornithogalum umbellatum
Puschkinia scilloides
Saponaria officinalis
Sedum floriferum 'Weihenstephaner Gold'
Sedum spurium 'Album Superbum'
Sesleria autumnalis
Sorghastrum nutans (syn. *Chrysopogon nutans*)
Stachys officinalis

Fr2–3 Freifläche, frischer bis feuchter Boden

Achillea millefolium
Alchemilla mollis
Althaea officinalis
Angelica archangelica
Arundo donax (syn. *A. donax f. versicolor*)
Aster umbellatus
Bistorta affinis 'Darjeeling Red' (syn. *Polygonum affine* 'Darjeeling Red')
Bistorta officinalis 'Superba'
Borago officinalis
Buphthalmum salicifolium
Calamagrostis brachytricha
Carex buchananii
Carex grayi
Centaurea macrocephala
Chasmanthium latifolium (syn. *Uniola latifolia*)
Chrysogonum virginianum
Colchicum bornmuelleri (syn. *C. speciosum* var. *bornmuelleri*)
Coreopsis verticillata
Equisetum hyemale
Eryngium planum
Eupatorium fistulosum 'Atropurpureum' (syn. *E. purpureum* 'Atropurpureum')
Filipendula rubra 'Venusta'
Foeniculum vulgare
Fragaria x *ananassa* 'Pink Panda'
Fritillaria imperialis
Geranium x *magnificum*
Geranium x *oxonianum* 'Claridge Druce'
Geum coccineum 'Borisii'
Hemerocallis lilioasphodelus
Hyacinthoides hispanica
Inula magnifica
Kalimeris incisa
Leucanthemella serotina
Leucojum vernum
Levisticum officinale
Liatris spicata
Lilium lancifolium
Lychnis coronaria (syn. *Agrostemma coronaria, Silene coronaria*)
Lysimachia barystachys
Macleaya cordata var. *yedoensis*
Melissa officinalis
Mentha spicata
Mentha x *piperita*
Meum athamanticum
Molinia arundinacea 'Windspiel'
Molinia caerulea
Molinia caerulea 'Variegata'
Narcissus cyclamineus
Narcissus poeticus subsp. *poeticus*
Narcissus pseudonarcissus
Panicum virgatum
Phalaris arundinacea 'Picta'
Pimpinella major
Potentilla megalantha
Primula elatior subsp. *elatior*
Primula veris subsp. *veris*
Prunella grandiflora
Ranunculus acris 'Multiplex'
Rheum officinale
Rheum palmatum var. *tanguticum*
Sanguisorba officinalis
Scilla siberica
Silphium integrifolium
Spartina pectinata 'Aureomarginata'
Spodiopogon sibiricus
Symphytum officinale
Tanacetum vulgare f. *crispum*
Thalictrum aquilegifolium
Tulipa sprengeri
Tulipa sylvestris
Valeriana officinalis
Vernonia crinita (syn. *V. arkansana*)
Veronicastrum virginicum

Fr3 Freifläche, feuchter Boden

Carex elata
Equisetum palustre
Fritillaria meleagris
Juncus inflexus
Lythrum salicaria
Petasites hybridus
Polemonium caeruleum

H Heidecharakter, saurer Boden

Antennaria dioica 'Rubra'
Dianthus deltoides 'Brillant'
Digitalis grandiflora
Eriophorum vaginatum
Festuca ovina
Festuca ovina 'Blaufuchs'
Jasione laevis 'Blaulicht'
Koeleria glauca
Molinia caerulea
Sedum acre
Thymus serpyllum

SH Steppenheide, kalkhaltiger Boden

Achnatherum calamagrostis (syn. *Lasiagrostis calamagrostis, Stipa calamagrostis*)
Adonis vernalis
Anemone sylvestris
Aster linosyris
Bouteloua gracilis (syn. *B. oligostachya*)
Carlina acaulis
Dictamnus albus (syn. *D. fraxinella*)
Geranium sanguineum
Helictotrichon sempervirens (syn. *Avena sempervirens*)
Inula ensifolia 'Compacta'
Lavandula angustifolia (syn. *L. officinalis, L. spica, L. vera*)
Linum flavum 'Compactum'
Linum narbonense
Melica ciliata
Pulsatilla vulgaris
Verbascum bombyciferum 'Polarsommer'
Verbascum olympicum
Veronica teucrium

St1 Steinanlagen trockener Boden

Allium christophii
Allium insubricum (syn. *A. narcissiflorum* subsp. *insubricum*)
Allium karataviense
Alyssum saxatile 'Compactum' (syn. *Aurinia saxatilis* 'Compacta')
Anacyclus pyrethrum var. *depressus* (syn. *A. depressus*)
Anthemis marschalliana (syn. *A. biebersteiniana*)
Armeria maritima 'Düsseldorfer Stolz'
Artemisia stelleriana
Calamintha nepeta subsp. *nepeta*
Campanula portenschlagiana
Cerastium tomentosum var. *columnae*
Chamaemelum nobilis (syn. *Anthemis nobilis*)
Eriophyllum lanatum
Festuca cinerea (syn. *F. glauca*)
Festuca valesiaca
Helichrysum thianshanicum 'Schwefellicht'
Hyssopus officinalis
Inula ensifolia
Inula ensifolia 'Compacta'
Iris x *barbata-nana*
Jovibarba globifera subsp. *globifera*
Lavandula angustifolia (*L. officinalis; L. spica; L. vera*)
Linum flavum 'Compactum'
Oenothera macrocarpa (*O. missouriensis*)
Opuntia polyacantha
Potentilla neumanniana 'Nana' (syn. *P. tabernaemontani* 'Nana')
Santolina chamaecyparissus
Saponaria ocymoides
Saponaria x *olivana*
Satureja montana subsp. *montana*
Sedum acre
Sedum reflexum (syn. *S. rupestre*)
Sedum sexangulare
Sempervivum arachnoideum
Sempervivum tectorum var. *tectorum*
Sempervivum x *cultorum*
Thymus praecox var. *pseudolanuginosus*
Thymus serpyllum
Thymus serpyllum 'Coccineus'
Thymus vulgaris
Thymus x *citriodorus* (syn. *T. pulegioides* x *T. vulgaris*)
Verbascum phoeniceum
Veronica prostrata
Veronica spicata subsp. *incana*

St1–2 Steinanlagen, trockener bis frischer Boden

Acaena buchananii
Acaena magellanica (syn. *A. glaucophylla*)
Achillea tomentosa
Achillea umbellata
Aethionema armenum 'Warley Rose'
Allium carinatum subsp. *pulchellum*
Allium moly
Artemisia schmidtiana 'Nana'
Campanula poscharskyana
Centranthus ruber 'Coccineus'
Corydalis lutea (syn. *Pseudofumaria lutea*)
Dianthus gratianopolitanus 'Eydangeri' (syn. *D. caesius*)
Dianthus plumarius 'Altrosa'
Draba aizoides
Euphorbia myrsinites
Festuca gautieri (syn. *F. scoparia*)
Geranium dalmaticum
Geranium x *cantabrigiense* 'Berggarten'
Gypsophila repens 'Rosa Schönheit'
Helianthemum x *cultorum* 'Sterntaler'
Hypericum polyphyllum
Iberis sempervirens 'Snowflake' (syn. *I. sempervirens* 'Schneeflocke')
Melica ciliata
Petrorhagia saxifraga
Phlox douglasii 'Crackerjack'
Phlox subulata 'Scarlet Flame'
Potentilla crantzii 'Goldrausch'
Ruta graveolens
Scabiosa columbaria
Scutellaria alpina
Sedum album 'Coral Carpet'
Sedum spathulifolium
Silene uniflora 'Weißkehlchen' (syn. *S. vulgaris* subsp. *maritima* 'Weißkehlchen')
Teucrium chamaedrys

St2–3 Steinanlagen, frischer bis feuchter Boden

Alchemilla erythropoda
Aquilegia flabellata var. *pumila* 'Ministar'
Arabis caucasica 'Schneehaube'
Arabis procurrens
Aruncus aethusifolius
Asplenium trichomanes
Aster alpinus 'Dunkle Schöne'
Aubrieta x *cultorum* 'Blaumeise'
Aubrieta x *cultorum* 'Red Carpet'
Azorella trifurcata
Campanula carpatica 'Blaue Clips'
Campanula cochleariifolia (syn. *C. pusilla*)
Campanula garganica 'Erinus Majus'
Chiastophyllum oppositifolium
Cotula squalida
Dodecatheon meadia
Dryas x *suendermannii*
Gentiana acaulis
Gentiana septemfida var. *lagodechiana*
Gentiana sino-ornata
Geranium renardii
Globularia cordifolia
Leontopodium alpinum
Leontopodium souliei
Muehlenbeckia axillaris
Narcissus bulbocodium
Papaver nudicaule
Primula auricula
Primula x *pubescens*
Rhodohypoxis baurii
Sagina subulata
Saponaria x *lempergii* 'Max Frei'
Saxifraga x *arendsii* 'Blütenteppich'
Sedum cauticola
Silene schafta 'Splendens'
Sisyrinchium angustifolium
Thymus x *citriodorus* 'Golden Dwarf'
Tulipa batalinii
Tulipa humilis
Tulipa tarda

Veronica peduncularis 'Georgian Blue' (syn. *V. umbrosa* 'Georgian Blue')

A. Alpinum

Androsace sarmentosa
Geranium cinereum var. *subcaulescens* 'Splendens'
Iberis saxatilis
Lewisia cotyledon
Saxifraga cotyledon
Saxifraga crustata
Saxifraga marginata var. *boryi*
Saxifraga paniculata
Soldanella montana

B1–2 Beet, trocken bis frischer Boden

Allium macleanii 'Globmaster'
Anchusa azurea 'Loddon Royalist'
Lavandula angustifolia 'Hidcote Blue'
Nepeta grandiflora 'Blue Danube'
Nepeta racemosa 'Superba'
Nepeta x faassenii
Origanum laevigatum 'Herrenhausen'
Origanum majorana
Origanum vulgare 'Compactum'
Salvia officinalis 'Berggarten'
Salvia pratensis subsp. *haematodes* 'Mittsommer'
Satureja hortensis
Sedum spectabile 'Brillant'
Sedum telephium 'Herbstfreude'
Stevia rebaudiana
Teucrium x lucidrys

B2 Beet, frischer Boden

Achillea filipendulina 'Parker'
Achillea millefolium 'Sammetriese'
Aconitum x cammarum 'Newry Blue'
Aconitum x carmichaelii 'Arendsii' (syn. *A. x arendsii*)
Alcea rosea 'Pleniflora' (syn. *Althaea rosea* 'Pleniflora')
Allium cepa
Allium sativum var. *sativum*
Allium schoenoprasum
Aloysia triphylla
Alstroemeria aurea 'Orange King'
Anemone hupehensis 'Ouvertüre'
Anemone japonica 'Bressingham Glow'
Anemone japonica 'Honorine Jobert'
Anethum graveolens var. *hortorum*
Apium graveolens var. *rapaceum*
Aquilegia x caerulea 'Crimson Star'
Arctanthemum arcticum 'Roseum' (syn. *Chrysanthemum arcticum* 'Roseum')
Artemisia dracunculus
Artemisia ludoviciana 'Silver Queen'
Aster amellus 'Blütendecke'
Aster amellus 'Veilchenkönigin'
Aster dumosus 'Augenweide'
Aster dumosus 'Kassel'
Aster ericoides 'Schneetanne'
Aster novae-angliae 'Alma Pötschke'
Aster novi-belgii 'Dauerblau'
Aster novi-belgii 'Rosenquarz'
Aster pyrenaeus 'Lutetia'
Aster tongolensis 'Wartburgstern'
Astilbe x glaberrima 'Sprite'
Boltonia asteroides 'Snowbank'
Calendula officinalis
Campanula lactiflora 'Loddon Anne'
Campanula persicifolia 'Grandiflora Coerulea'
Carex morrowii 'Variegata'
Centaurea dealbata 'Steenbergii'
Centaurea montana 'Grandiflora'
Chrysanthemum x hortorum 'Ahlemer Rote'
Chrysanthemum x hortorum 'Anastasia'
Chrysanthemum x hortorum 'Citronella'
Chrysanthemum zawadskii var. *latiloba* 'Clara Curtis' (syn. *C. rubellum, Dendranthema zawadskii*)
Coreopsis grandiflora 'Schnittgold'
Coreopsis lanceolata 'Sterntaler'
Coreopsis tripteris 'Pierre Bennerup'
Coriandrum sativum
Cortaderia selloana 'Pumila'
Cortaderia selloana 'Sunningdale Silver'
Crocosmia x crocosmiiflora (syn. *C. aurea x C. pottsii*)
Delphinium x belladonna 'Völkerfrieden'
Delphinium x elatum 'Lanzenträger'
Delphinium x elatum 'Ouvertüre'
Doronicum orientale 'Magnificum' (syn. *D. caucasicum*)
Echinacea purpurea 'Harvest Moon'
Echinacea purpurea 'Magnus'
Echinops banaticus 'Taplow Blue'
Erigeron x cultorum 'Sommerneuschnee'
Erigeron x cultorum 'Wuppertal'
Eruca sativa
Eryngium alpinum 'Blue Star'
Filipendula vulgaris 'Plena'
Gaillardia x grandiflora 'Kobold'
Galtonia candicans
Gypsophila paniculata 'Bristol Fairy'
Helenium x cultorum 'Goldrausch'
Helenium x cultorum 'Moerheim Beauty'
Helianthus decapetalus 'Capenoch Star'
Helianthus decapetalus 'Soleil d'Or'
Helichrysum italicum
Heliopsis scabra
Helleborus x orientalis [hort.]
Heuchera americana 'Ruby Veil'
Heuchera sanguinea 'Leuchtkäfer'
Heuchera x brizoides 'Red Spangles'
Heuchera x micrantha 'Cappuccino'
Heucherella (x) *tiarelloides* 'Quicksilver'
Hosta plantaginea 'Grandiflora'
Hosta undulata 'Univittata'
Hosta x cultorum 'Ground Master'
Hosta x cultorum 'Sum and Substance'
Hosta x fortunei 'Albopicta' (syn. *H. x fort.* 'Aureomaculata')
Imperata cylindrica 'Red Baron'
Incarvillea delavayi
Iris sibirica 'Cambridge'
Iris x barbata-elatior
Iris x barbata-media
Kniphofia x praecox (syn. *K. uvaria* 'Grandiflora')
Lavatera x olbia 'Barnsley'
Leucanthemum vulgare 'Maikönigin'
Leucanthemum x superbum 'Beethoven'
Leucanthemum x superbum 'Christine Hagemann'
Leucanthemum x superbum 'Julischnee'
Lilium candidum
Lilium regale
Lilium x cultorum 'Connecticut King'
Lupinus polyphyllus 'Mein Schloß'
Lychnis chalcedonica (syn. *Silene chalcedonica*)
Lychnis viscaria 'Plena' (syn. *Silene viscaria* 'Plena')
Mimulus cupreus 'Roter Kaiser'
Miscanthus sinensis 'Adagio'
Miscanthus sinensis 'Malepartus'
Miscanthus sinensis 'Strictus'
Miscanthus x giganteus 'Aksel Olsen' (syn. *M. japonicus* hort.)
Monarda didyma 'Petite Delight'®

Monarda fistulosa 'Präriebrand'
Ocimum basilicum
Oenothera tetragona 'Sonnenwende' (syn. *O. fruticosa* subsp. *glauca* 'Sonnenwende')
Paeonia officinalis 'Rubra Plena'
Paeonia x *hybrida* 'Coral Charm'
Paeonia x *itoh* 'Cora Louise'
Paeonia x *lactiflora* – einfach blühende Sorten
Paeonia x *lactiflora* – gefüllt blühende Sorten
Paeonia x *lactiflora* – halbgefüllt blühende Sorten
Panicum virgatum 'Hänse Herms'
Papaver orientale 'Beauty of Livermere'
Papaver orientale 'Picotee'
Pennisetum advena 'Wipff & Veldmann'
Penstemon barbatus 'Coccineus'
Penstemon x *cultorum* 'George Home'
Petroselinum crispum var. *crispum*
Phlox amplifolia 'Weiße Wolke'
Phlox divaricata 'Clouds of Perfume'
Phlox maculata 'Rosalinde'
Phlox x *arendsii* 'Anja'
Physostegia virginiana 'Summer Snow'
Pimpinella anisum
Platycodon grandiflorus 'Mariesii'
Potentilla atrosanguinea 'Atropurpurea'
Potentilla nepalensis 'Miss Willmott'
Rosmarinus officinalis
Rudbeckia fulgida var. *sullivantii* 'Goldsturm'
Rudbeckia laciniata 'Goldquelle'
Rumex acetosa var. *hortensis*
Salvia nemorosa 'Mainacht'
Scabiosa caucasica 'Clive Greaves'
Sidalcea oregana 'Brillant'
Solidago rugosa 'Fireworks'
Solidago x *cultorum* 'Strahlenkrone'
Stachys grandiflora 'Superba'
Tanacetum coccineum 'E.M. Robinson' (syn. *Chrysanthemum cocc.*)
Tanacetum coccineum 'Regent' (syn. *Chrysanthemum cocc.*)
Tropaeolum majus
Tulipa x *cultorum* 'Apeldoorn'
Tulipa x *cultorum* Diverse Sorten
Tulipa x *cultorum* 'West Point'
Verbascum x *cultorum* 'Pink Domino'

B2–3 Beet, frischer bis feuchter Boden

Achillea ptarmica 'Boule de Neige' (syn. *A. ptarmica* 'Schneeball')
Arundo donax 'Variegata'
Aster glehnii 'Agleni'
Astilbe chinensis var. *taquetii* 'Purpurlanze'
Astilbe japonica 'Deutschland'
Astilbe thunbergii 'Straußenfeder'
Astilbe x *arendsii* 'Cattleya'
Coreopsis rosea 'Limerock Ruby'®
Lobelia splendens 'Queen Victoria'
Lythrum virgatum 'Rose Queen'
Phlox paniculata 'Aida'
Phlox paniculata 'Landhochzeit'
Rudbeckia nitida 'Herbstsonne'
Tradescantia x *andersoniana* 'I.C. Weguelin'
Trollius chinensis 'Golden Queen'
Trollius x *cultorum* 'Goldquelle'

WR3–4 Sumpfstauden, feuchter bis dauernasser Boden

Caltha palustris 'Multiplex'
Cochlearia officinalis
Darmera peltata (syn *Peltiphyllum peltatum*)
Eriophorum vaginatum
Gladiolus palustris
Glyceria maxima 'Variegata'
Gunnera tinctoria (syn. *G. chilensis*)
Iris ensata (syn. *I. kaempferi*)
Iris pseudacorus
Myosotis palustris
Myosotis palustris (syn. *Myosotis scorpioides*)
Primula rosea 'Grandiflora'
Stachys palustris
Thelypteris palustris

WR4–5 Röhrichtstauden, Flachwasser 0–20 cm

Acorus calamus 'Variegatus'
Alisma lanceolatum
Alisma parviflora
Alisma plantago-aquatica
Butomus umbellatus
Calla palustris
Caltha palustris
Carex acuta (syn. *C. gracilis*)
Carex acutiformis
Carex pseudocyperus
Carex riparia
Cyperus longus
Eleocharis palustris
Eriophorum angustifolium
Eriophorum latifolium
Euphorbia palustris
Hippuris vulgaris
Hottonia palustris
Iris laevigata
Iris pseudacorus
Iris versicolor
Juncus effusus
Juncus effusus 'Spiralis'
Lysichiton americanus
Lysimachia thyrsiflora
Mentha aquatica
Menyanthes trifoliata
Mimulus luteus
Mimulus ringens
Nasturtium officinale
Orontium aquaticum
Pontederia cordata
Potentilla palustris
Ranunculus flammula
Ranunculus lingua
Sagittaria latifolia
Sagittaria sagittifolia
Saururus chinensis
Scirpus lacustris subsp. *tabernaemontani* 'Zebrinus' (syn. *Schoenoplectus tabernaemontani* 'Zebrinus')
Solanum dulcamara
Sparganium erectum (syn. *S. ramosum*)
Typha angustifolia
Typha latifolia
Typha laxmannii
Typha minima
Veronica beccabunga

W6 Schwimmblattpflanzen, am Boden wurzelnd

Aponogeton distachyos
Callitriche palustris
Nuphar lutea
Nymphaea alba
Nymphaea odorata 'Rosennymphe'
Nymphaea x *cultorum* 'James Brydon'
Nymphaea x *cultorum* 'Marliacea Chromatella'
Nymphoides peltata
Persicaria amphibia (syn. *Polygonum amphibium*)
Trapa natans

W7 Unterwasserpflanzen, am Boden wurzelnd

Ceratophyllum demersum
Crassula recurva
Eleocharis acicularis
Elodea canadensis
Potamogeton crispus
Ranunculus aquatilis
Ranunuculus fluitans
Utricularia vulgaris

W8 frei schwimmende Pflanzen

Azolla caroliniana
Eichhornia crassipes
Hydrocharis morsus-ranae
Pistia stratiotes
Stratiotes aloides

Register

Impressum

avBUCH im CADMOS Verlag

unveränderter Nachdruck 2021

Umschlag: Ravenstein + Partner, Verden
Satz: Hantsch & Jesch PrePress Services OG, Wien
Lektorat: Christine Weidenweber, Weibersbrunn, www.verbene.eu

Coverfoto: Dipl.-Ing. Bettina Banse
Fotos im Innenteil: H. Götz, M. Häussermann, www.stauden-stade.de, Dr. B. Bross-Burkhardt, Floramedia, K. Adams, Wikimedia, Hortipedia

Alle Illustrationen von Monika Biermaier

Druck: www.graspo.com

Deutsche Nationalbibliothek – CIP-Einheitsaufnahme
Die Deutsche Nationalbibliothek verzeichnet diese Publikation in der Deutschen Nationalbibliografie; detaillierte bibliografische Daten sind im Internet über http://dnb.ddb.de abrufbar.

Printed in EU

ISBN: 978-3-8404-8203-8